삶의 정점을 달리는 인간을 위하여

B.S 오쇼 라즈니쉬

배꼽

도서출판 윤미디어

머리말

 이 책은 단순히 흥미 본위로 쓰여진 것이 아니며 진리의 계시 따위로 말을 늘어 놓기 위한 것도 아니다. 본래 진리와 철학은 말로 나타내는 것이 아니다. 나는 독자들에게 첫째로 분명히 해 두련다.
 이 책은 지적인 면에서 그 어떤 기쁨을 주기 위해 읽을 것도 아니고 어떤 종교나 신앙의 대상을 제시하는 것도 아니다. 단지 이 책은 인도의 철학자 강의로써 파묻힌 채로 잠들어 있는 것이 안타까워 실재를 해방시켜 눈을 뜨게 하고 그럼으로써 진실이 지닌 모든 힘과 가능성을 인간 스스로 깨닫게 하고자 쓰여진 것이다.
 이와 같은 생각에 이르렀을 때 당신은 이미 나라의 움직임의 중심이요 철학자이다.
 그때에는 당신은 자신의 의지에 반하여 함락되는 운명의 노리개가 아니라 고뇌에서 탈피하여 스스로 깨달은 철학 우화의 주인이 될 것이다.

이 책은
오쇼 라즈니쉬가 유일하게 실수하고 싶지 않았고
심각하게 생각했던 농담, 그 우주적 우화들을
옮긴이가 가려뽑아 모은 것이다

● 오쇼 라즈니쉬 (Osho Rajneesh)
1931년 인도에서 출생하여 1953년 자발푸르의 한 공원 마울슈리 나무 아래서 깨달음을 얻었고 1957년 철학석사학위를 받아 자발푸르 대학에서 강의를 했다.
1964년 처음으로 명상캠프를 열고 1974년 봄베이에서 바가바드 기타를 강의한 이래로, 동서고금의 종교경전들을 통하여 이세상에 통쾌한 우주적 농담을 선사한 '브햐그완' 슈리 라즈니쉬 그 영혼으로, 1990년 1월 16일 '바다와 같이 무한하다'는 의미의 '오쇼' 라즈니쉬라는 이름을 남기고 영혼의 근원인 우주의 웃음바다로 돌아갔다.

사 랑!

법정에서 한 여자가 남자 쪽을 계속 몰아대고 있었다.
판사가 물었다.
"당신은 이 남자가 자신을 겁탈했다고 계속 주장하는데, 언제 그가 겁탈했습니까?"
여자가 말했다.
"언제요? 일월, 이월, 삼월…… 일년 내내 겁탈하고 또 겁탈했지요."
판사는 깜짝 놀라 물었다.
"어떻게 그가 일년 내내 당신을 겁탈할 수 있었습니까?"
여자가 대답했다.
"그는 내 남편입니다."
판사가 물었다.
"그런데 왜 겁탈이라 주장합니까? 법적으로 겁탈이 아닙니다."
그녀는 계속 우겼다.

"틀림없는 겁탈이에요. 그는 날 사랑하지 않았으니까요."

그대가 만일 사랑하지 않는다면 자기 부인이라 할지라도 그 행위는 겁탈이다. 사랑함으로써의 육체적 행위와 겁탈하는 것으로써의 육체적 행위는 겉보기에 얼핏 같은 것 같지만 그 속사정은 전혀 다르다.

유익과 무익

어느 부자가 한 친구에게 말했다.

"이상하단 말일세. 내가 죽으면 내 재산을 모두 자선단체에 기부하겠다고 유언해 두었는데도 왜 사람들은 나를 구두쇠라고 비난하는지 모르겠어."

친구가 말했다.

"글쎄. 내가 암소와 돼지 얘기를 하나 해 주겠네. 어느 날 돼지가 암소에게 자신은 왜 사람들에게 인기가 없는지 모르겠다고 불평을 털어 놓았다네. 돼지가 말했어. '사람들은 항상 암소의 부드럽고 온순함을 칭찬하지. 물론 너는 사람들에게 우유와 크림을 제공해. 하지만 난 사람들에게 사실 더 많은 것을 제공한다구. 베이컨과 햄, 털까지 제공하고 심지언 발까지 주는데도 사람들은 여전히 날 좋아하지 않아. 도대체 왜 그러는지 모르겠어?' 암소는 잠시 생각에 잠기더니 말했어. '글쎄. 그건 아마 내가 살아 있을 때 유익한 것을 제공하기 때문일거야.'"

　죽음은 모든 것을 앗아간다. 죽은 다음에 무얼 할 수 있겠는가? 죽음이 모든 것을 앗아가버릴 때까지 아껴두는 것보다 모든 것을 나누고 모험을 거는 것이 좋지 않을까? 죽음은 결국 모든 것을 앗아가버린다.

연 극

어느 날 두 배우가 연습을 마치고 만났다. 한 배우가 말했다.

"이봐, 내게 멋진 생각이 하나 있는데 우리들끼리 팀을 짜는게 어떨까? 함께 연극을 하는 거야."

다른 배우가 맞장구를 쳤다.

"그거 좋겠는데! 그런데 자넨 어떤 종류의 연극을 생각하고 있나?"

"글쎄, 내가 무대에 나가서 노래를 부르는 거야. 그리고 막이 내려지지. 다시 막이 오르면 내가 또 나가서 노래를 부르고 춤을 추는 거야. 막이 다시 내려지겠지. 또 막이 오르면 내가 나가서 마술을 부리는 거야."

"이봐, 그럼 난 언제 출연하는 거지?"

"막이 어떻게 혼자 오르내릴 수 있겠어?"

에고란 참으로 터무니 없는 것이다. 자기 자신은 왕이고 나머지 모든 사람은 종이다. 자기 자신은 목적이고 나머지 모든 사람은 수단이다. 자기 자신은 모든 존재의 중심이고 나머지 모든 것은 그 중심을 '위하여' 존재한다.

냉장고

　무척 뚱뚱한 여자가 있었다. 그래서 그녀의 정신과 의사는 그녀에게 아름다운 여자의 나체사진을 보도록 권했다.
　"냉장고 안쪽에 그 사진을 붙이시지요. 그러면 냉장고를 열 때마다 균형잡힌 아름다운 몸매를 보게 될 것이고, 그 때마다 정신이 바짝 들테니까요. 그 몸으로 대체 무얼한단 말입니까?"
　의사의 제안은 과연 효과가 있었다. 그녀는 냉장고를 열 때마다 그 아름답고 멋진 몸매를 보며 식욕을 억제할 수 있었다. 한 달이 되자 그녀의 몸무게는 12파운드나 줄어들었다. 그런데 엉뚱한 일이 벌어졌다. 그녀 남편의 몸무게는 12파운드나 불어났던 것이다. 아름다운 나체 사진 때문에 남편은 수시로 냉장고를 열었고, 그러면서 콜라, 환타, 아이스크림 따위를 꺼내 먹었던 것이다.

성(性)이 성으로 있을 때는 아름답다. 성이 머리로 올라갈 때 그것은 성욕이 된다. 그것은 있는 그대로의 성, 본질적인 성이 아니다. 그것은 성적인 것이다. 동물들은 성적이지 않다. 동물들은 성을 갖고 있되 성적이지 않다. 그대가 개에게 그 개의 여자친구 나체 사진을 보여준다 해도 그 개는 흥미 없어 할 것이다. 그대는 동물들에게 '플레이보이'와 같은 잡지를 배포할 수 없다. 동물들은 그따위에 전혀 관심이 없다. 동물들은 성적이 아니며, 성적인 공상을 하지 않을 뿐 아니라 그럴 생각조차 하지 않는다. 동물들의 성은 순수하며 단순하다.

 그대가 배가 고파 음식을 먹을 때 그것은 아름답다. 그러나 음식에 집착하는 그대는 제정신이 아니고 미친 것이다. 그대의 배고픔은 그릇된 것이다.

개와 고양이

 어느 날 밤 뮬라 나스루딘은 아내와 함께 난로가에 앉아 있었다. 몹시도 추운 밤이었다. 뮬라는 신문을 읽고 있었고, 아내는 뜨개질을 하고 있었다. 그리고 그들 가족인 개와 고양이도 난로가에서 꿈을 꾸며 평온히 쉬고 있었다.
 참으로 평화롭고 행복한 시간이었다.
 그 때 갑자기 아내가 뮬라에게 말했다.
 "저 개와 고양이 좀 보세요. 정말 사이좋게 지내고 있잖아요? 그런데 왜 우리는 그렇게 할 수 없는 걸까요?"
 뮬라가 대답했다.
 "우린 왜 그렇게 할 수 없냐구? 저 개와 고양이를 함께 묶어놔 봐. 어떤 일이 벌어지나."

　일단 두 사람이 한데 묶어지면 자유가 없어지고 분노가 일게 된다. 자유를 상실하면 모든 것이 추하게 변해 버린다.
　결혼이 단순한 법적 결합이라면 거기엔 사랑이 존재할 수 없으며, 그때부터 그대는 스스로 감옥에 갇히게 된다. 결혼은 이제 지구상에서 사라지게 될 것이다. 결혼은 이미 시대에 뒤떨어진 현상이다. 결혼은 이제 불행과 고통밖에는 아무 것도 창조해 내지 못하고 있다. 이제는 사랑 하나만으로 두 사람이 함께 있어야 한다. 우리는 불안하더라도 자유를 갖고 살아야 한다. 사랑이 다시 꽃을 피워야 한다.

꼬 리

　꼬마 강아지가 자신의 꼬리를 뒤쫓고 있는 것을 본 어미 개가 강아지에게 물었다.
　"애야, 너 왜 그렇게 꼬리를 뒤쫓고 있니?"
　꼬마 강아지가 말했다.
　"전 철학을 완전히 마스터했어요. 전 이제껏 어떠한 개도 해결하지 못한 우주의 온갖 문제들을 해결해 냈어요. 저는 개한테 가장 좋은 것은 행복이며, 그 행복은 바로 제 꼬리에 있다는 것을 알았어요. 그래서 제 꼬리를 뒤쫓고 있는 거예요. 제가 마침내 꼬리를 잡으면, 아 그 때 정말 행복해질 거예요."
　어미 개가 말했다.
　"애야, 나도 나름의 방법으로 우주 문제에 관심을 기울여 왔고, 그래서 얼마간 견해를 갖게 되었단다. 나 역시 개에게는 행복이 가장 좋은 것이며, 그 행복은 내 꼬리에 있다고 판단했었단다. 그러나 내가 자신의 일에 열중하면 그 꼬리는 자연히 나를 따라오기 때문에 구태여 뒤쫓을 필요가 없다는 것을 깨닫게 되었단다."

 그대는 개가 행복할 때 꼬리를 흔드는 것을 보았을 것이다. 따라서 개들은 자연히 행복이 꼬리에 있다고 생각한다. 그리고 꼬리를 뒤쫓기 시작한다. 그러나 그대는 자신의 꼬리를 뒤쫓을 수가 없다. 그대가 뛰면 꼬리도 따라서 뛴다. 그대가 더 빨리 더 높이 뛰면 꼬리도 그만큼 더 빨리 더 높이 뛴다.

확 률

나는 어릴 적 외할머니와 함께 살았는데, 외할머니는 늘 내 걱정을 하셨다. 나는 기차 여행을 자주 하곤 했는데 한 달에 보름은 기차를 타고 있었던 것같다. 외할머니는 그래서 늘 내 걱정을 하시며 말씀하셨다.

"애야, 사고가 많이 난다는데 제발 조심하렴."

외할머니는 신문을 볼 때마다 혹시 기차 사고가 없었는지 살펴 보시곤 하였다. 그리고 사고 기사들을 모아 두셨다가 내가 집에 돌아오면 어김없이 보여 주시며 말씀하셨다.

"자, 보려무나. 자동차 사고, 비행기 사고, 기차 사고가 얼마나 많이 일어나고 있니? 사람들이 너무나 많이 죽고 있잖니. 그런데 넌 지금 어떻게 하고 있니? 한 달에 보름은 기차나 자동차, 비행기를 타고 있잖니? 제발 이젠 여행을 그만 하거라."

그런 어느 날 난 외할머니에게 이렇게 말했다.

"할머니, 제 말 좀 들어보세요. 할머니가 그런 통계에 관심이 많으시다면 세상 사람들의 97퍼센트가 침대에 누워서 죽는다는 것도 아실거예요. 그런데 전 많은 밤을 침대 밖에서 자고 있잖아요? 이게 위험하다구요? 통계로 본다면 사실 침대에 누워 있는 것보다 더 위험한 일은 없을 거예요. 사람들의 97퍼센트가 침대에서 죽으니까 말예요. 그러니까 기차를 타고 있는 게 더 안전하죠. 기차를 타고 있다가 죽는 사람은 드물잖아요."

외할머니는 내 말에 몹시 당황해 하시며 말씀하셨다.

"그건 그렇지만, 그건 말도 안…… 그래, 네 말이 맞다."

그 후 외할머니는 내게 사고에 대한 얘기를 더는 안 하셨다.

그대는 세상에 태어날 때 가장 큰 위험을 안고 태어나는 것이다. 세상에 태어나는 그 순간 그대는 이미 무덤을 향해 첫걸음을 내딛는 것이다. 이보다 더 큰 위험이 어디 있겠는가? 이보다 더 큰 모험이 어디 있겠는가?

참기도

위대한 힌두교 학자가 있었다. 그는 매일 아침마다 너댓 시간 동안 꼬박 찬송을 하곤 하였다. 그는 새벽 3시부터 찬송과 기도를 하였다. 그는 수십년을 하루도 빠짐없이 그렇게 해왔다. 그는 위대한 학자였다.

어느 날 크리슈나 신이 마침내 그를 동정하여 그에게 다가갔다. 크리슈나는 그 위대한 학자의 뒤에 가 서서 그의 어깨에 가만히 손을 얹었다. 그는 기도를 하고 있었다. 기도를 하던 그가 고개를 번쩍 들며 말했다.

"지금 무슨 짓을 하는 거요? 내가 기도하고 있는 게 보이질 않소? 지금 꼭 나를 방해해야겠소?"

크리슈나는 아무 말 없이 손을 거두어 그곳을 떠났다.

참으로 어처구니 없는 일이다. 이 위대한 학자는 수십년을 찬송하며 기도해 왔지만 막상 크리슈나가 나타났을 때 그를 알아보지 못했다. 그에게는 방해꾼일 뿐이었다.

성경에 골몰해 있는 기독교인에게 만일 예수가 나타난다면 그가 과연 알아 볼 수 있을까? 그건 불가능하다. 진리를 알려며는 벌거벗어야 한다.

연 습

어떤 사람이 오년 만에 비로소 무대에 설 수 있는 기회를 얻게 되었다. 역할이야 아주 간단한 것이었지만 어쨌든 그로서는 난생 처음으로 무대에 서게 되는 것이었다. 그의 역할은 아주 단순한 것이었다.

주인공이 무대에 나타나서, "자네가 이 사람이 살해되는 걸 봤단 말이지?" 하면, 그는 주인공의 날카로운 눈을 망연히 바라보면서, "제가 봤어요" 하면 되는 것이었다.

수주일 동안 그는 이 한 마디를 열심히 연습했다.

"제가 봤어요, 제가 봤어요······."

그는 발성법을 연구했고, 얼굴 표정과 억양까지 열심히 연습했다. 드디어 그 날이 왔다. 주인공이 무대에 나타났고, 바닥에 누워 있는 사람을 힐끗 보고는 그 사람을 바라보며 물었다.

"자네가 이 사람이 살해되는 걸 봤단 말이지?"

그 사람은 주인공의 눈을 또렷이 바라보며 당차게 입을 열었다.

"제가 봤다구요?"

 사람들은 죄다 이렇게 경솔하다. 그들은 잠자고 있다. 어떤 둔중함이, 어떤 혼미가 그대의 존재를 둘러싸고 있다. 아주 흐릿하고 멍멍한 무엇이.

가난한 시인

한 사람이 의사를 찾아가 말하기를,
"벌써 오래 전부터 변비 때문에 애를 먹고 있습니다."
애기를 들은 의사는 처방을 하고 약을 권했다. 그렇지만 그 사람은 무척 가난했다. 그래서 말하기를,
"하지만 약을 살 수가 없군요."
의사는 하는 수 없이 자기 돈으로 약값을 치뤄 주었다.
며칠 후 그 사람이 다시 의사를 찾았다. 그가 말하기를,
"의사 선생님, 아무 것도 달라진 게 없어요. 변비가 여전해요."
의사는 의아했다.
"허, 그 약은 특효약인데요."
그 사람이 무척 가난해 보이는 터라 의사는 습관적으로 물었다.
"당신이 하는 일이 뭡니까?"
그가 말하기를,

"시를 쓴답니다."

"참 진작에 그걸 말해 주시지 않고, 시인 양반, 이 돈 가지고 가서 우선 실컷 드시오, 드셔."

시인은 가난하다. 화가는 가난하다. 그들은 사람을 지배하고 조정하는 데에는 관심이 없다. 그렇기 때문에 시인은, 화가는 가난하다. 그들은 힘이 없다. 힘을 가지려 하지 않는다. 그들은 가장 비폭력적인 사람들이다.

술과 시간

 어떤 사람이 택시를 탔는데 술이 꽤 취해 있었다. 택시를 타고 가던 그가 언뜻 시계를 봤다. 일곱 시 정각이었다. 잠시 후 차창 밖으로 어느 보석상의 커다란 시계가 얼핏 보였는데, 그 시계는 여섯 시 오십 오분을 가리키고 있었다. 술취한 승객이 운전사에게 물었다.
 "어이, 지금 몇 신가?"
 "여섯 시 오십 분인데요."
 술취한 승객이 얼른 말하기를,
 "스톱. 차를 돌리시오. 아무래도 우린 지금 길을 잘못 든 것 같소."

 매 순간 순간마다 그대가 알지 못하는 것이 삶 속으로 침투

하고 있다. 그게 곧 죽음이다. 그러나 그대는 그걸 느끼지 못한다. 그대는 그걸 알지 못한다. 그대는 잠 속에서, 몽롱함 속에서 살고 있기 때문이다.

총소리

옛날에 한 등대지기가 있었다. 100년쯤 된 얘기이다. 그 당시에는 등대에 총을 갖춰 놓고 있었다. 그 총은 하루 24시간 매 5분 간격으로 발사되었다. 그렇게 해서 지나가는 배에 신호를 보내게 되어 있었다.

등대지기는 늘 등대 안에서 지냈고 잠도 거기서 잤다. 총은 5분 간격으로 발사되게끔 장치되어 있었다. 그러나 그는 단 한 번도 총소리에 놀란 적이 없었다. 그는 3년이나 그곳에서 살아온 터였다.

그런 어느 날 총이 고장나는 바람에 발사되지 않았다. 깊이 잠들어 있던 그가 벌떡 일어나면서 말했다.

"무슨 일이지? 어디가 잘못됐지?"

그는 매우 불안해졌다.

   등대지기의 마음은 총이 5분 간격으로 발사되는 것에 익숙해져 있었다.

   그에게 총소리는 이미 소음이 아니었다. 그것은 그의 상황이었고, 그의 마음의 일부였다. 그런데 갑자기 총이 발사되지 않자 그는 잠을 깨야만 했다. 그는 단 한 번도 총소리에 의해 잠을 깬 적이 없었다.

   마음이 사라지면 이렇듯 갑자기 공허함을 느끼게 된다. 왜냐하면 그 모든 소음이 그대가 존재하고 있다는 것을 느끼게 해주었던 것들이기 때문이다. 그것은 그대 존재에 대한 그대의 착각이었다.

요약 아닌 삶

헐리우드의 한 연출가가 어느 신인 작가가 제출한 장편 원고를 슬쩍 보더니 불만스럽게 말했다.
"이건 너무 길어요. 요약해서 다시 가져오시오."
다음날 작가는 작품 전체를 다섯 페이지로 요약해서 연출가에게 가지고 갔다.
연출가가 말했다.
"이것도 길어요. 난 바쁜 사람이오. 다시 요약해서 가져 오시오."
한 시간쯤 뒤에 작가는 한 페이지에 다음과 같이 요약해서 가지고 왔다.

〈남 주인공은 중위. 여주인공은 그의 상관인 대령과 결혼함. 그러나 두 남녀는 정열적인 사랑에 빠짐. 자살함.〉

이걸 보고 연출가가 말했다.

"이 작품은 안 되겠소. 이건 '안나 까레니나'가 아니오."

 그대, 살아 있는 것을 요약하지 말라. 내겐 어떠한 가르침도 없다. 설령 가르칠 것이 있다 하더라도 나는 그것을 요약하지 않을 것이다. 사랑은 광대무변하다. 삶은 광대무변하다. 요약하면 할수록 그것은 생명력을 잃고 만다. 법은 요약할 수 있으나 사랑은 요약할 수 없다. 법은 명확하지만 삶은 명확하지 않다. 요약하지 말라. 살아 있는 것을 요약하지 말라.

믿 음

 한 노신사가 어느 날 갑자기 교회의 품안으로 들어가야겠다고 마음 먹었다.
 목사가 말하기를,
 "아브라함, 신앙을 꼭 가지셔야 합니다. 성경 속에 있는 모든 걸 믿으십니까?"
 아브라함은 관심을 표명했다.
 "그렇습니다. 믿고 말고요."
 "예언자 요나와 고래 이야기를 믿습니까? 또 다니엘과 사자들, 그렇지요. 굶주린 아프리카 사자들이었지요. 당신도 아다시피 다니엘은 굶주린 자자굴 속으로 당당히 걸어들어가서 사자들의 뺨을 후려갈겼지요. 그래도 사자들은 꼼짝 못했어요. 아브라함, 믿습니까?"
 "아, 성경에 그렇게 되어 있다면 믿고 말고요."
 "또 저 불길 속의 히브리 아이들 이야기를 믿습니까? 아이들이 그 무시 무시한 불길 속으로 걸어 들어갔는데도 조금도 다치질 않았지요."

"조금도 화상을 입지 않았다구요? 진짜 불인데요?"

"그렇습니다. 조금도 타거나 데질 않았어요!"

"아, 그렇다면 어떻게 교회의 품안에 들어올 수가 있겠습니까."

아브라함은 애처롭게 모자를 집어 쓰고는 문 쪽으로 비틀비틀 발걸음을 옮겼다. 문 앞에 선 그가 말하기를,

"목사님, 전 사실 다니엘과 사자 얘기도 믿을 수가 없군요!"

사실 아무도 이런 얘기들을 믿지 않는다. 안 믿는다. 이런 얘기를 믿는 다는 건 있을 수 없다. 우리들 인간 의식의 본성에 따르면 자신이 알지 않는 한 결코 믿지를 않는다. 믿을 수가 없다.

어떠한 믿음도, 관념도 갖지 말라. 믿어야 할 것이란 세상에 없다. 그렇다. '알이야' 할 건 많지만, 믿어야 할 건 없다. 믿을 필요도 없다. 믿음이란 모두 두려움, 공포에서 비롯하는 것이다.

기억력

어느 날 에디슨이 식당에 들어가서 점심을 먹었다. 밖으로 나오다가 문 앞에서 우연히 친구를 만났다. 둘은 함께 거리로 나섰다. 얘기를 주고 받다가 친구가 말했다.
"자네, 왜 나와 같이 점심을 하지 않으려는 거지?"
에디슨이 말했다.
"아 그렇지. 점심을 먹으러 왔었지!"
두 사람은 다시 그 식당으로 들어갔다. 식사가 나왔다. 친구가 에디슨에게 말했다.
"자네, 별로 먹고 싶지가 않은 것 같군."
에디슨이 말했다.
"그래, 왜 그렇지? 조금도 식욕이 없는 걸."
두 사람을 바라보고 있던 웨이터가 웃으며 말했다.
"예, 손님께선 바로 오분 전에 여기서 식사를 하셨습니다."

   그대의 삶은 과거의 기억으로 착색되어 있지 않은가? 도가(道家)에서 기억력을 잃어버렸다는 것은 곧 찬양하는 말이다. 그는 무심이 되었고, 자신의 과거에 대해서 모두 잊었다. 그는 과거에 있었던 모든 것을 잊었다. 이는 마치 거울에서 먼지를 말끔히 털어버린 것과 같다. 그는 현재에 있다. 그는 과거에 있지 않다. 그는 순간 순간을 산다. 순간 순간이 전체이다. 만일 그가 시장기를 느낀다면 당연하게도 그는 음식을 찾는다. 그러나 전에 먹었던 어떤 음식에 대한 관념이 없다. 그는 관념을 갖고 있지 않다. 그는 음식에 대하여 환상을 갖고 있지 않다. 그러므로 기억력을 잃었다 함은 멍청해졌다는 의미로 번역될 수 없다. 멍청함은 일종의 병이다. 멍청함은 기억을 뒤틀어 갖고 있음을 뜻한다. 멍청한 사람은 병을 앓는 것과 같다. 그는 계속 잊어버리는데, 참으로 잊은 것이 아니다. 왜냐하면 자기가 잊었다는 것을 기억하고 있기 때문이다. 그는 자기가 알았었다는 것을 알며, 아직도 그것을 기억하고 있다. 이것이 멍청함이다.

닭고기

가톨릭 사제가 한 유태인을 자기네 종교 쪽으로 개종시키려 하였다.

사제가 말했다.

"당신이 할 일이란 그저 하루에 세 번씩 이렇게 말하는 것입니다. '나는 유태교도였지만 지금은 가톨릭교도다. 나는 유태교도였지만 지금은 가톨릭교도다. 나는 유태교도였지만 지금은 가톨릭교도다.'"

그는 사제가 시키는 대로 했고, 사제는 이번 금요일엔 그의 집으로 가서 그가 정말 개종했는지 살펴봐야겠다고 마음을 먹었다.

이윽고 금요일날 사제가 그의 집을 찾아갔을 때 유태인은 마침 닭을 튀기고 있었다.

사제가 말했다.

"이제 금요일엔 닭고길 먹어선 안 된다는 걸 잘 아시겠죠."

"아 그럼요. 전 이놈을 냄비에다 딱 세 번 넣다 뺐다 하면서 말했거든요. '난 닭고기였지만 지금은 물고기다. 난 닭고기였지만 지금은 물고기다. 난 닭고기였지만 지금은 물고기다.'"

그대의 종교란 어떤가? 말 뿐이지 않은가. 그런 종교는 그대 존재 속으로 결코 스며들지 못한다. 그대가 무얼 말하든 그와는 정반대 쪽에 있다는 것을 그대는 잘 알고 있다. 그대는 어떤 무엇을 생각하고 있으면서 그와는 다른 무엇을 말하며, 그리고 그와는 또 다른 무엇을 행한다. 그런 뜻에서 그대는 분명 삼위인데, 일체는 못된다. 삼위가 제각기 따로 놀고있다.

따분한 사람

한 교회에서 목사가 알리기를, 예배가 끝난 뒤에 간부(Board)회의가 있을 것이라 하였다. 예배가 끝나자 간부들(Board members)만이 남고 모두 그곳을 떠났다. 그런데 맨 앞줄에 웬 낯선 사람이 앉아 있는 것이었다.

목사가 고개를 갸우뚱하면서 물었다.

"저, 선생님께서는 제 말씀을 이해 못하셨는지요. '간부(Board)' 회의가 있을 것이라 했는데요."

그러자 낯선 사람이 말하기를,

"아 그럼요. 나보다 '따분한(bored)' 사람은 아마 없을 거예요. 내게 말씀해 보시죠."

사람들을 보라. 사람들의 눈을 보라. 그들은 경이의 그림자

조차도 갖고 있지 않다. 사람들의 얼굴을 보라. 그들의 얼굴은 더는 아무 일도 일어날 것이 없다고 말하고 있다. 그들은 따분하고, 시큰둥하다. 그들은 겁장이일 뿐이기 때문에 자살도 못한다. 자살하라. 그런 삶은 아무런 가치도 없다. 아무런 의미도 없다. 아무런 기쁨도 없다. 지금 당장 길거리로 나가 사람들을 보라. 먼지만 풀풀 날리고 있을 것이다.

차(車)의 위력

어느 날 뮬라 나스루딘이 사장님을 찾아갔다.
"사장님, 이 달 25일에 사장님 차 좀 빌릴 수 있을까요?"
사장님이 물었다.
"어디다 쓰려고? 나스루딘, 어디에 차가 필요하단 말인가? 이제껏 이런 부탁을 한 적이 없었지 않은가?"
"그 날이 제 결혼식 날입니다."
"아 그렇다면 빌려 주고 말고, 매일 결혼하는 건 아니니까 말일세. 한 대가 아니라 세 대 모두 사용해도 좋네."
뮬라 나스루딘은 뛸 듯이 기뻤다. 그 때 사장이 물었다.
"그런데 그 행운을 잡은 여자가 누군가?"
"아직 결정하지 않았습니다. 우선 차부터 확보해야 한다고 생각했습니다. 차만 있으면 여자야 얼마든지 구할 수 있겠죠. 그건 별로 큰 문제가 아닙니다."

　이것이 바로 세속적인 사람이다. 그는 비본질적인 것, 그러니까 돈과 권력과 풀장, 차, 집, 은행예금, 보험 등을 먼저 생각한다. 그는 결혼을 누구하고 할 것이냐에 대해서는 전혀 걱정하지 않는다. 그는 안전을 먼저 생각한다. 그러면 이 안전은 누구를 위한 것인가? 은행예금은 누구를 위한 것인가? 집과 차는 누구를 위한 것인가? 도대체 누구를 위한 것인가?

설 득

 내 아버지 친구분 중에 법률가 한 분이 있었다. 그는 아주 노련한 법률가였다. 내가 대학을 마치고 집으로 돌아왔을 때 내 양친은 매우 걱정을 하고 있었다. 내 양친은 내가 이제 결혼을 하고 정착하기를 바라고 있었다. 그러나 그 말을 내게 직접 하려고 하지는 않았다. 내 양친은 매우 유순하고 침착하며 단순해서 그렇게 직접적으로 말하는 것은 내 인생을 방해하는 것이라 생각했기 때문이다. 그래서 양친은 친구에게 부탁을 했다.

 노련한 법률가인 그 친구분이 어느 날 나를 찾아왔다. 그는 이미 나를 설득시킬 만반의 준비를 하고 있었다. 법률가였으니 어련하겠는가? 그가 말을 했다.

 "만일 내가 결혼이란 반드시 해야하는 거라고 납득시키면 자네 결혼을 하겠는가?"

 "물론이지요. 그러나 만일 저를 납득시키지 못하신다면 아저씨는 부인과 자식을 버리시겠습니까? 그럴 준비가 되셨습니까?"

 그는 거기까지는 미처 생각지 못했음이 분명했다. 그는 이렇게 말했다.

 "그렇다면 다시 고려해 보기로 하겠네."

 그리고 그는 다시 나를 찾지 않았다.

 우리는 모두 삶이란 기실 자신에게 아무런 것도 주지 않는다는 것을 알고 있다. 그대 역시 얼마만큼 살아봐서 알고 있듯이. 그러나 삶이란 나에게 아무 것도 주지 않았다는 말, 바로 그 말을 할 수 있는 용기가 필요하다. 그대, 그럴 준비가 되어 있는가?

개조심

어떤 사람이 차를 몰고 어느 시골길을 달리는데 문득 커다란 표지판이 보였다. 거기엔 이렇게 씌여 있었다.

'개조심'

조금 더 가자 또 표지판이 나타났다. 이번엔 더 큰 글씨로 씌여 있었다.

'개조심'

잠시 후 그는 농가에 도착했다. 그런데 그 집 앞엔 쬐그마한 푸들 강아지 한 마리가 앉아 있는 거였다.

그 사람이 묻기를,

"이게 뭐요. 저렇게 쬐그만 강아지가 집을 지킬 수 있나요?"

농부가 말하기를,

"아 천만에 말씀을. 그러나 표지판이 지켜주죠. 암요."

 사람들은 표지판과 상징과 말, 언어에 꼼짝 못하게 되었다. 그냥 믿어 버린다. 실제로 개가 있는지, 있으면 어떤 개가 있는지, 누가 굳이 보러 가겠는가?

자유로운 자

어린 아이가 울타리 위에 앉아 들에서 일하고 있는 아버지를 바라보고 있었다.

그 때 마침 황소 한 마리가 달려오고 있었다. 아이가 소리쳤다.

"아빠, 황소가 달려오고 있어요!"

아버지는 그 소리에 재빨리 황소를 피할 수 있었다. 잠시 후 그는 깜짝 놀라지 않을 수 없었다. 아이는 지금까지 7년 동안 한 마디도 한 적이 없었기 때문이다.

아버지가 물었다.

"애야, 이제 황소는 갔다. 그런데 난 너 때문에 더 놀랐구나. 넌 왜 지금까지 아무 말도 하지 않았지? 좀 전에 넌 틀림없이 말을 했잖니. '아빠, 황소가 달려오고 있어요'라고."

아이가 말했다.

"전엔 할 말이 아무 것도 없었을 뿐예요. 제가 말하는덴 아무 문제도 없었어요. 아빠."

 자유로운 자는 자기 이성으로, 자기 감수성으로 돌아가려 한다. 이것이 바로 탐구이다. 자신의 이성으로 돌아가기 위해서, 자신의 감수성으로 돌아가기 위해서, 본래대로 예민하기 위해서, 본래대로 살기 위해서, 본래대로 지혜롭기 위해서, 어린 아이가 되기 위해서…….

 모든 어린 아이는 영리하다. 여지껏 영리하지 않은 아이가 태어난 적은 없다. 어떤 아이가 영리하지 않다면 그건 그대의 생각일 뿐이다.

자 비

 한 부자가 자기집 정원일 때문에 일꾼 몇 사람을 불렀다. 그러나 오후가 되었는데도 일이 별반 진전이 없어서 저녁 때까지 끝낼 수 있을 것 같지가 않았다. 그래서 부자는 일꾼을 몇 사람 더 불렀다. 그러나 저녁 때가 가까워 오는데도 일을 끝낼 것 같지가 않았으므로 그는 또 일꾼을 몇 사람 더 불렀다.

 이윽고 날이 어두워지자 부자는 일꾼들에게 돈을 지불했다. 그런데 그는 일꾼들에게 모두 똑같은 액수의 돈을 주었다. 아침에 온 사람, 점심 때 온 사람, 저녁 때 온 사람이고 할 것 없이 모두 같은 액수의 돈을 주었다. 당연하게도 아침에 온 일꾼들은 화가 났다. 그들은 항의하지 않을 수 없었다.

 "이건 부당하오. 우린 아침 일찍 와서 하루 온종일 일했소. 그런데 똑같은 돈을 받다니. 저 사람들은 온 지도 얼마 안 되고, 일도 별로 한게 없소. 그런데 우리와 똑같이 돈을 받다니. 천부당 만부당한 일이오."

 집주인이 웃으면서 말했다.

"당신네 들이 어떻게 받건 일한 만큼 충분히 받지 않았소?"

"그건 그래요. 하지만 별로 한 일도 없는 사람들도 똑같이 받지 않았소?"

"그건 내가 부자니까 준 거요. 내 돈을 내 맘대로 줄 수 없단 말이오? 이건 내 돈이요. 당신들은 그걸 받은 거요. 당신들이 얼마나 일했든 내 돈을 받은 거요. 내 돈을 내 맘대로 할 수 없단 말이오? 거기에 불만이 있단 말이오? 뭐가 그리 못마땅하다는 거요?"

자비란 무엇인가?
꽃은 저절로 피어서 향기를 뿜는다.
촛불은 저절로 빛을 밝혀 나누어 주고
구름은 저절로 물을 가득 품었다가 지상에 뿌린다.
그밖에 뭘 하겠는가?

달

 한 수피가 위대한 이란 왕의 명을 받고 사자(使者)로서 인도 왕에게 보내졌다. 이란 왕은 인도 왕과 약간의 불화가 있었으므로 근심하던 터였다. 그래서 그는 그 수피를 보내어 두 나라 사이의 오해를 풀고 서로의 이해를 도모하고자 했다.
 수피는 인도 왕에게 신임장을 제출하며 말했다.
 "대왕께서는 보름달이십니다."
 그가 인도왕에게 보름달이라 했다는 소문이 퍼져 이란 왕에게까지 전해졌다. 그런데 그 수피는 이란을 떠날 때 이란 왕에게 초승달이라 말했던 것이었다. 이란 왕은 매우 화가 났다. 초승달이라고? 그것은 이제 막 시작되는 초하루의 달이 아닌가. 그대는 초하루의 달을 구경조차도 할 수 없을 것이다. 초이틀에야 그 달을 조금 볼 수 있을 것이다. 그런데 수피는 인도 왕에게 보름달이라고 말했던 것이다. 이는 이란 왕에게는 모욕이었다.
 "그 자를 소환하라!"

이란 왕은 분노하여 기다렸다. 수피는 돌아오자마자 즉시 붙잡혀서 법정으로 보내졌고, 문책받게 되었다. 수피가 말했다.

"단순합니다. 보름달은 이미 끝난 것입니다. 이제 죽는 거지요. 보름달은 죽어가고 있는 겁니다. 그것은 과거는 있으나 미래가 없습니다. 그래서 저는 인도 왕에게 보름달이라고 말한 겁니다. 그러나 대왕이시여, 저는 대왕을 초승달이라 불렀습니다. 초승달은 미래가 있고 가능성이 있으며 성장하고 있습니다. 인도 왕의 위엄은 위대할는지 모르지만 이미 죽어가고 있는 것입니다."

보라. 어떤 것이 과거를 가질 때 그것은 이미 낡은 것이다. 과학은 과거로 간다. 과학은 과거로 접근하며 과거를 탐구한다. 과학은 그대의 과거를 들추어낸다. 과학은 말한다.

"그대의 과거를 모두 말하라."

실 재

한 꼬마가 일요학교에서 집으로 돌아오자, 아빠가 물었다.

"얘, 오늘은 뭘 배웠니?"

꼬마가 말하기를,

"예, 이천 년 전에요, 유태인들이 나쁜 이집트 사람들한테서 도망치려 했대요. 그래서 모세가 홍해에다가 이만한 현수교를 건설해 주었대요. 그리고 유태인들은 그 다리에 다이나마이트를 설치해 놨죠. 유태인들이 다리를 건너 도망치니까 나쁜 이집트 사람들이 막 추격을 해오지 않겠어요 글쎄. 유태인들은 다리를 다 건넌 다음 재빨리 다리를 폭파시켰어요. 그래서 이집트 사람들은 모두 물에 빠져 죽었죠 뭐. 참 아슬아슬했대요. 아빠."

아빠는 너무나 깜짝 놀랐다.

"얘야, 선생님이 그렇게 말씀하시더냐?"

꼬마가 말하기를,

"아뇨, 그렇지만 선생님이 해주신 그 웃기지도 않는 얘기를 어디 아빠가 믿기나 하시겠어요?"

실재는 그대의 믿음에 대해서, 그대의 철학에 대해서, 그대의 종교에 대해서 전혀 들은 바 없다. 그것은 그대의 머리 속에 꽉 차 있는 그 모든 모순 덩어리들에 대해서 전혀 아는 바 없다. 실재는 그대 머리의 어떤 미친 여행과도 상관이 없다. 실재는 어떤 형용사도 갖지 아니하며, 경전도 갖지 아니하며, 좋다거나 싫다는 것도 갖지 아니한다. 실재는 그저 있다. 적나라하게 그저 있다.

구부려라

한 젊은이가 노 스승에게 물었다.

"옛날의 그 황금시절에는 사람들이 눈으로 신을 보았다는 얘기를 들었습니다. 사람들은 신을 만났고, 신은 땅 위로 걸어 다녔습니다. 신은 사람들을 불렀고, 사람들은 신과 아주 친했습니다. 그런데 지금은 어떤가요? 왜 신은 이 땅을 버리셨는가요? 왜 신은 이제 이 땅 위로 걸어다니지 않으시는가요? 왜 신은 어둠 속에서 몸부림치는 사람들의 손을 잡아주지 않으시는 걸까요?"

노 스승이 젊은 제자를 바라보며 말했다.

"내 아들아, 신은 지금도 도처에 계시다. 그런데 사람들이 신을 볼 수 있을 만큼 낮게 구부리는 법을 잊었느니라."

 구부려라⋯⋯ 인간은 구부리는 법을 잊었다. 인간은 너무나 거만하게 서 있다. 인간은 신과 따로 떨어진 채 서 있다. 인간은 섬이 되었다. 인간은 이미 우주의 부분이 아니다. 전체의 부분이 아니다. 신은 여전히 그곳에 있다.

 신은 여전히 그대의 손을 잡으려 하는데 그대가 뿌리치고 있는 것이다. 신은 여전히 그대를 마주보고 있으나 그대가 옆을 보고 있는 것이다. 신은 여전히 거기서 그대를 부르고 있으나 그대는 자기 자신의 소리로 가득 차 있다. 자기 속안의 말, 의식의 재잘거림으로 그대는 수다쟁이가 되어 있다.

지 식

 어느 유명한 정신분석가에게 환자가 찾아왔다. 그는 새로 온 환자에게 이렇게 말했다.

 "난 매우 바쁩니다. 거짓말이 아니라 정말 눈코 뜰 새 없이 바쁩니다. 그러니 당신의 얘기를 듣기만 하면 됩니다. 그러니 당신이 내게 하고 싶은 말을 이 탁자 위에 있는 녹음기에다 말하기만 하면 됩니다. 그러면 나중에 들어보고 필요한 것을 적어 두었다가 시간이 나는 대로 검토해 보겠습니다. 여기 녹음기가 있습니다. 녹음기를 놓고 갈테니 여기다 말씀을 해두십시오. 내게 말하고 싶은 것이 있으면 뭐든지 다 말씀하십시오. 그렇게 해주시겠습니까?"

 환자가 말했다.

 "물론이죠. 아주 좋은 생각입니다."

 정신분석가는 환자를 그 방에 두고 밖으로 나왔다. 그런데 2분도 채 지나지 않아서 환자가 사무실을 나가는 것이었다. 정신분석가는 환자의 뒤를 쫓아가 물어보았다.

"그렇게 일찍 가십니까? 벌써 다 말씀하셨어요? 2분이면 너무 짧은데요."

환자가 말했다.

"보십시오. 나 역시 매우 바쁜 사람입니다. 사실 당신보다도 더 바쁩니다. 그리고 당신이 내 첫번째 상담자는 아닙니다. 난 이미 여러 명을 거쳤습니다. 상담실로 가보시지요. 당신의 녹음기 옆에 내 작은 녹음기가 있을 겁니다. 그 녹음기가 당신의 녹음기에다 말을 하고 있을 겁니다. 어서 가보시오."

지식이란 무엇인가. 거기에 사람은 없다. 작은 녹음기가 또 하나의 녹음기에다 말하고 있을 뿐이다. 거기에 사람은 없다.

억압의 결과

어느 사무실에서 사원들이 제 몫의 일을 충분히 하지 않기 때문에 사장이 걱정을 했다. 그리하여 사장은 한 심리학자에게 자문을 구했다. 그러자 그 심리학자는 이렇게 말했다.

"사무실에 다음과 같은 표어를 여러 개 붙여 놓기만 하십시오. '내일은 오지 않는다. 그러므로 오늘 당장 실천하라!'"

그래서 사장은 표어를 여러 개 만들어 책상과 벽 곳곳에 붙여 놓았다. 그 날 저녁에 심리학자가 상황을 살펴보러 왔다. 그가 들어서자 사장이 버럭 고함을 쳤다.

"당신 때문에 난 완전히 망했소."

"도대체 어떻게 된 겁니까?"

"어떻게 됐느냐구? 타이피스트는 동료 사원과 달아나 버렸고, 수금원은 돈을 몽땅 가지고 도망쳤으며, 사환은 날 죽이려 했소. 이제 모든게 끝장났단 말이오. 그들은 이렇게 말했소. '오늘 당장 실천하라. 내일은 오지 않는다.'"

 내가 '일어나는 대로 놔두어라' 하고 말하면 그대는 지금껏 자신이 억압해온 모든 것이 갑자기 솟구쳐 오르는 것을 느낄 것이다. 그건 지극히 당연하다. 그러나 그것은 다만 그대가 그것들을 억압해 왔기 때문이다. 그것들은 나타났다가 사라지는 것. 그리하여 마침내 그대 속안에서 본래의 모습이 드러나리니.

결혼

한 젊은이가 결혼을 생각하고 있었다. 그래서 그는 몇 가지 조언을 구하기 위해 아버지에게 편지를 썼다. 얼마후 아버지로부터 이러한 답장이 날아왔다.

네가 곧 결혼을 한다니 얼마나 기쁜지 모르겠구나. 너는 이제 곧 결혼이 이 세상에서 가장 아름다운 축복이요 행복이라는 것을 알게 될 것이다. 식탁 너머로 네 어머니를 바라볼 때마다 나는 우리 부부가 함께 살아온 지난 날들이 너무도 아름답고 충실했으며 행복했다는 사실을 깨닫고 얼마나 자랑스러웠는지 모른단다. 무슨 일이 있어도 결혼을 하도록 해라. 우리는 기꺼이 너희들을 축복해 줄 것이다. 네가 결혼하는 날은 네 인생에서 가장 행복한 날이 될 것이다.

—아버지로부터

추신: 네 어머니가 방금 방을 나갔다. 이 바보같은 녀석아! 절대로 결혼하지 마!

내가 왜 결혼을 반대하는가? 나는 결혼 경험이 없다. 그런데 왜 내가 결혼을 반대하겠는가?

언젠가 한 친구가 알프레드 아들러에게 ―그는 유명한 심리학자이다― 자신이 결혼하려 하는 처녀에 대해 말을 했다. 그런 상황에서는 보통 '누구와 결혼하는데?'라고 묻는다. 그러나 아들러는 '누구에 맞서서 결혼 하는데?'라고 물었다. 그는 결혼이 가져오는 고통을 수없이 보고 경험하여 결혼이란 누구와 하는 것이 아니라 누구와 맞서서 하는 것임을 알고 있었다.

만일 결혼이 사랑에서 우러나온 것이라면 그건 아름다운 것이다. 그러나 이것은 사실 결혼이 아니다. 결혼과는 완전히 다른 무엇이다.

마음의 여행

　한 동물원에 두 마리 사자가 있었다. 한 마리는 그 동물원에서 다년간 살아온 토박이였고, 다른 한 마리는 새로 이주해 온 사자였다.
　그런데 식사 시간 때 신참 사자인 자신은 바나나 같은 열매 부스러기만을 받고, 토박이 사자는 맛좋은 고기 덩어리를 받는다는 것을 알아채게 되었다.
　이렇게 몇 주일이 지나자 신참 사자는 용기를 내어 이게 무슨 경우인지 따져 물었다.
　"당신이 연장자고 고참인 줄은 잘 알지만, 당신은 맨날 맛좋은 고기만 먹고 나는 맨날 열매 부스러기나 먹으니 이거 어디 되겠습니까?"
　토박이 사자가 느긋하게 말했다.
　"아함, 이 동물원 주인이 바로 철학하는 사람이지. 그리고 이 동물원은 넉넉치가 못해서 사자방은 딱 하나밖에 없거든. 그래서 철학하는 주인이 자네에게 원숭이 딱지를 붙여놨단 말이지."

　철학이란 순전히 마음의 여행이다. 실제로는 어디도 가지 못한다. 철학하는 그대는 제자리에서만 맴돈다. 그것은 꿈의 투사다. 그대는 지금 여기 앉아서 눈을 지긋이 감고 그대가 원하는 어디든 갈 수 있지만, 눈만 뜨면 곧장 제자리로 돌아올 수밖에 없다. 철학이란 바로 이런 것이다. 눈 뜨면 제자리. 아무 것도 변하지 않는다. 철학은 일종의 도피이기 때문이다. 철학은 순전히 사물에 딱지 붙이는 것. 철학은 딱지 붙이기.

얼굴

뉴잉글랜드의 한 휴양지에 아주 못생긴 사내가 살고 있었다. 그 사내는 너무나 못생겼기 때문에 그곳 사람들은 그를 항상 화제로 삼곤하였다. 그런 어느 날 한 성형외과 의사가 그 휴양지를 찾았다. 그는 사내의 추한 얼굴을 보고 무료로 수술을 해주겠다고 말했다.

"내가 당신의 얼굴을 수술하여 뉴잉글랜드에서 제일 잘 생긴 남자로 만들어 주겠소."

마침내 사내를 수술대 위에 올려 놓은 뒤 의사가 물었다.

"당신의 얼굴을 완전히 새롭게 바꿔 줄까요?"

사내가 말했다.

"아닙니다. 그렇게 많이는 바꾸지 말아 주십시오. 마을 사람들이 잘 생긴 내 얼굴을 알아 볼 수 있게 말입니다."

　나는 개혁에는 조금도 관심이 없다. 개혁이란 추한 말이다. 개혁은 여기저기 조금 땜질만 할 뿐, 그대가 여전히 그대로 남아 있음을 뜻한다.

　나는 오직 그대 자신의 완전한 소멸, 거기에만 관심이 있다. 그대가 더 이상 그대 자신이 아닐 때, 처음으로 그대는 맑고 깨끗하게 될 것이다. 아침 이슬처럼. 새로운 것이 들어올 때 낡은 것은 사라진다. 낡은 것이 사라질 때 새로운 것이 들어온다. 그것은 동시에 일어난다.

배멀미

뮬라 나스루딘이 세계 일주 여행을 떠났다. 그는 생전 처음으로 배를 타기로 했다. 당연히 그는 고통스러운 배멀미를 겪어야 했다. 그는 아무 것도 먹지도 마시지도 못한 채 계속 토하기만 했다.

그 때 선장이 뮬라에게 다가와 말했다.

"너무 걱정하지 마십시오. 이십 년이나 배를 타왔지만 배멀미로 죽었다는 사람은 보지도 듣지도 못했으니까요. 그러니 아무 걱정마십시오."

그러자 뮬라는 머리를 쥐어뜯으며 말했다.

"죽음만이 내 유일한 희망이오. 난 정말 죽고 싶단 말입니다. 그런데 지금까지 배멀미로 죽은 사람이 없다니……."

그대의 유일한 희망은 언젠가 자신이 죽을 거라는 사실 아닌가. 그렇다면 조금만 더 참고 기다리라. 직장에서, 집에서 몇 날 며칠만 더 참고 견디어라. 이제 곧 죽음이 그대를 해방시켜 줄 것이다. 죽음만이 그대의 희망 아닌가. 죽음이 자신을 구원해 주기를 바라는 이런 삶이란 대체 어떤 삶일까? 자살을 하는 그런 삶이란 도대체 무슨 삶일까? 조금 더 참지 못해 미치고 팔짝 뛰는 그런 삶이란 대체 어떤 삶일까?

언 어

한 목장 주인이 대부를 받으러 은행을 찾았다.
대부 담당자가 물었다.
"얼마나 빌리시겠습니까?"
"이천오백 불이요."
"좋습니다. 그런데 담보가 있습니까? 당신 목장에 소가 몇 마리나 있지요?"
"이백 마리 있습니다."
"그럼 충분하군요. 대부해 드리지요."
몇 달 뒤 목장 주인은 돈을 갚으러 은행을 다시 찾았다.
"여기 돈을 갖고 왔습니다."
대부 담당자가 말했다.
"예, 좋습니다. 성공을 축하드립니다. 그런데 그 나머지 돈의 안전을 위해 우리 은행에 예금하시는 것이 어떨까요?"
냉정하게 주시하던 목장 주인이 물었다.
"소가 몇 마리가 있어야 합니까?"

 사람은 누구나 자신의 언어를 갖고 있다. 예수는 십자가에 못박혀 죽을 때 신에게 간청했다. '아버지, 이들을 용서해 주소서. 이들은 자신들이 무엇을 하고 있는지 모릅니다.' 이것이 바로 힘이다. 부드럽고 넉넉한 힘이다.

 그러나 이 말을 만일 다른 사람이 한다면 사정이 달라진다. 그 말은 전혀 다른 사전의 것이 된다. 종교적인 사전과 정치적인 사전은 전혀 다르다. 언어는 그것을 사용하는 자에 의해 의미를 갖는다.

에고(ego)

 두 술꾼이 어느 호텔로 들어가 침대 두 개가 있는 방을 요구했다. 그러나 둘 다 술에 취했고 방 안이 어두웠기 때문에 그들은 같은 침대로 기어들어가게 되었다.
 "이봐!"
 첫번째 술꾼이 소리쳤다.
 "그들이 날 속였어. 내 침대에 웬 남자가 있어."
 두 번째 술꾼이 외쳤다.
 "이봐! 내 침대에도 웬 남자가 있어."
 첫번째 술꾼이 외쳤다.
 "그럼 놈들을 집어던져 버리자구."
 그리하여 한바탕 격렬한 레슬링이 벌어졌고, 마침내 한 술꾼이 침대에서 떨어져 나갔다.
 방바닥으로 떨어진 술꾼이 소리쳤다.
 "이봐, 자넨 어떻게 됐나?"
 침대 위에 있던 술꾼이 소리쳤다.

"난 방금 놈을 침대에서 밀어내 버렸어. 자넨 어떻게 됐지?"

"내가 쫓겨났어."

"그럼 비겼군. 내 침대로 와서 함께 자세."

그대, 에고를 가만히 지켜보라. 에고는 세상에서 가장 지독한 마약이다. 에고는 그대를 완전히 도취시켜 뭐가 뭔지 도무지 볼 수조차 없게 만든다. 그러나 에고는 선과 악의 갈등에서 생겨나는 것을. 그대, 선악의 갈등을 떨쳐 버려라. 이것이야말로 사람이 할 수 있는 가장 용기있는 행위이다.

미루지 말라

 일요일 아침 예배시간에 한 경건한 신도가 맨 앞줄에 앉아 있었다. 설교가 시작되었는데, 그가 웬지 신발 한 짝을 벗는 거였다. 예배 중에 그가 이처럼 기이한 행동을 하자 사람들이 소리를 죽이며 웃었다. 사람들의 관심이 모두 그에게 쏠렸다. 신발을 벗은 그 신도는 다시 양말을 벗기 시작했다. 그러자 목사가 설교를 중단하고 그에게 무슨 일이냐고 물었다.

 그 경건한 신도가 말했다.

 "별일 아닙니다. 양말 한 짝을 뒤집어 신은 것을 발견해서요."

 목사가 점잖게 말했다.

 "그렇다면 형제여, 예배가 끝날 때까지 기다렸다가 양말을 고쳐 신을 순 없겠는가?"

 "아닙니다 목사님. 잘못된 게 있으면 당장 고쳐야죠. 성경 말씀처럼요."

그대, 뒤로 미루지 말라. 너무 신중하지 말라. 절대로 미루지 말라. 지금 당장 행하여라. 그대가 정말 무엇을 이해하고 안다면 당장 행하여라. 그것이 곧 삶을 사랑하는 것이니.

여 우

언제 어느 곳에선가 사자와 여우가 함께 식당으로 들어갔다. 자리에 앉자 여우가 식사를 주문했다. 그런데 여우가 일인분만 주문하는 거였다.

웨이터가 물었다.

"친구분은 어떤 것을?"

여우가 말했다.

"무슨 말이요? 그가 배가 고팠다면 내가 지금 여기 앉아 있을 수 있겠소?"

어째서 사람이 가장 고귀한가? 인류 역사를 보면 인간이야말로 가장 천박한 존재처럼 보인다. 동물들을 보라. 동물들은 그렇게 폭력적이지 않다. 잔인하지 않다. 동물들은 그렇게 미친 듯하지 않다. 그대, 정치가를 정복시키는 동물을 본 적 있는가. 동물들은 살인적이지 않다. 그들은 자연스럽게 산다. 그리고 자연스럽게 죽는다. 야생의 동물들은 결코 미치지 않는다. 그러나 때로, 동물원에서 살도록 강제된 그들은 미친다. 동물들은 결코 자살하지 않는다. 그러나 때로, 동물원의 그들은 자살한다. 동물들은 결코 자연 속에서 동성애를 하지 않는다. 그러나 때로, 동물원의 그들은 동성애를 한다. 동물원의 그들은 살인적이고 위험하게 된다.

그렇다. 동물들은 죽인다. 그러나 그들은 그저 먹이를 구하기 위해서 죽인다. 사람들은 까닭없이 죽인다. 사람들은 밀림으로 가서 호랑이를 죽인다. 그리고 말한다. '이것은 놀이고 게임이다. 나는 사냥하고 있었다.' 도대체 어떤 사자가 사냥한다는 소릴 하든가? 그들은 결코 사냥하지 않는다. 그들은 배가 고프면 물론 죽인다. 그러나 그것은 그들에게 지극히 자연스런 일이다.

스승과 제자

어느 선승이 임종의 자리에서 자신이 가장 아끼던 제자를 불렀다. 스승이 베개 밑에서 한 권의 책을 꺼냈다. 모든 사람이 그 책이 과연 무슨 책인지 궁금해 하였다. 스승은 이제껏 아무에게도 그 책만은 보여 주지 않았던 것이었다. 한밤에 제자들이 가끔 열쇠 구멍을 통해 훔쳐 보노라면 스승이 혼자 그 책을 읽고 있곤 했었다.

'무슨 책일까? 스승님은 그 책을 왜 그렇게도 비밀시하는 걸까?'

스승이 방을 비울 때면 그 방은 언제나 잠겨 있었다. 어느 누구도 그 방에 들여보내지 않았다. 그랬으므로 그 책이 무슨 책인지 아무도 알 수가 없었다.

스승은 아끼는 제자를 불러놓고 말했다.

"이 책을 잘 간직하거라. 여기에 내가 가르친 모든 것이 들어 있다. 이것을 잘 간직해라. 나를 보듯이 잘 간직해라. 이 책은 내 스승이 내게 주셨던 책이다. 이제 내가 그대에게 이 책을 주는 것이다. 이 책은 대대로 물려받은 책이다."

그런데 제자는 그 책을 불구덩이 속에 던져버리는 것이었다. 다른 제자들은 그의 행동을 도저히 이해할 수가 없었다. 그들은 모두 깜짝 놀랐다. 그러나 스승은 제자의 머리를 어루만지며 축복해 주었다. 스승은 말했다.

"그대는 알았구나. 그 책을 간직했더라면 내 제자가 아니구 말구. 그 책에는 아무 것도 없다. 비어 있다. 훌륭하구나. 그대는 깨친 것이야. 그대, 누구의 뒤도 따르지 않는 그대는 내 가르침을 이해한 것이야. 모든 사람은 자기 자신의 영혼으로 가지 않으면 안 된다."

훌륭한 말이 그대에게 오고 있을 때 그대는 그 말이 오고 있는 것조차 알아채지 못한다. 그런 말은 먼지 하나 일으키지 않을 것이므로. 그대는 먼지의 그림자조차도 볼 수 없을 것이다.

훌륭한 말은 발자국 하나 남기지 않는다. 그대는 훌륭한 말의 뒤를 좇을 수도 없다. 그 말은 발자국 하나 남기지 않고 사라질 것이므로.

플레이 보이

한 플레이 보이가 약국 안에서 한 아가씨를 보자 이렇게 말했다.

"이봐 아가씨, 오늘 밤 함께 놀아보는 게 어때?"

아가씨는 큰 모욕을 느끼고 화가 나서 유도 실력을 발휘하여 그를 문 밖으로 집어던졌다. 잠시 후 플레이 보이가 비틀거리며 약국 안으로 다시 들어왔다.

"이봐 아가씨, 내게 아직 대답하지 않았잖아."

세상에서 가장 어리석은 것. 에고. 그러나 자신의 에고를 보기란 참으로 어려운 일이다. 자기 자신이 곧 에고이기 때문이다. 남들에게서는 에고를 보다 잘 볼 수 있으나, 자기 자신에게서는 잘 볼 수 없을 것이다. 그것은 그대의 콧등 위에 있기 때문이다.

5분

 법원에서 한 증인이 반대 심문을 퍼붓는 변호사 때문에 곤혹을 치르고 있었다.
 "그게 정확히 5분이었다고 확신할 수 있습니까?"
 "네, 확신합니다."
 "그럼, 한 가지 실험을 해봅시다."
 변호사가 주머니에서 시계를 꺼냈다.
 "지금부터 정확히 5분이 경과할 때 신호를 보내십시오."
 그러나 증인은 놀랍게도 정확히 5분이 지날 때 소리쳤다.
 "5분이 됐습니다."
 그리하여 사건은 결국 변호사 측의 패소로 끝났다. 재판이 끝난 뒤 호기심 많은 변호사가 증인을 찾아가 물었다.
 "어떻게 시간을 그처럼 정확히 알 수 있었습니까?"
 "그야 간단하죠. 당신 뒤의 벽에 걸린 시계를 보고 알았죠."

나는 신을 보고 있지 않다. 신은 어디에나 있기 때문이다. 그러므로 그대를 볼 때 나는 신을 본다. 나무를 볼 때도, 심지어 눈을 감고 있을 때도 나는 신을 본다. 존재하는 것은 신밖에 없으므로. 나는 어느 곳에서도 신을 찾지 않는다.

어리석음

 어느 시골 마을에서 한 농부가 돼지를 잡았다. 그 지방에서는 돼지를 잡을 경우 고기며 소시지며 순대를 이웃들과 나누어 먹는 관습이 있었다. 그런 관습에 따라 이웃들로부터 여러 차례 받아먹은 적이 있는 그 농부는 자기도 그렇게 이웃들에게 나누어 주게 되면 별로 남는 게 없으리라는 것을 뻔히 알고 있었다. 그래서 그는 이웃의 한 친구를 믿고 고민을 털어놨다.
 "내가 돼지를 잡았는데 이웃들에게 나눠 주면 남는 게 신통치 않을 것 같네. 어떻게 하면 좋겠나?"
 "나 같으면 밤중에 문을 열어 놓고 문가에다 돼지를 내놓겠네. 그리고 다음날 돼지를 도둑맞았다고 소문을 내겠네."
 농부는 친구의 말을 듣고는 무척 기뻐했다. 그는 집으로 돌아와 친구가 얘기해준 대로 실행했다. 그런데 친절하게도 방법을 가르쳐 준 친구가 야밤을 틈타 그 돼지를 훔쳐갔다. 아침 일찍 돼지가 없어진 걸 알아챈 농부는 깜짝 놀랬다. 그는 전날 저녁 그렇게도 흡족해 했던 친구의 묘안에 화가 머리 끝까지 치밀었다. 농부는 급히 달려가 그 친구를 찾았다.

"이봐, 자넨 어떻게 생각해. 누가 돼지를 훔쳐갔어!"

친구가 반색을 하며 말했다.

"옳거니, 그래 그래. 좋았어. 만나는 사람마다 그렇게 얘길 하게. 틀림없이 자네 말을 믿을 거야."

농부는 맹세코 농담이 아니라고 진지하게 주장을 했다. 그러나 그가 정말 돼지를 잃어버렸다고 원통해 할수록 친구는 더더욱 부채질을 하는 것이었다.

"그렇지, 잘 하는구먼. 끝까지 그렇게 주장하라구. 이제 자넨 돼지를 나눠 주지 않아도 되겠어. 암, 그렇구 말구."

많은 성직자들이 사람들을 이용해 왔다. 사람들이 그 어리석음 때문에 그릇된 질문을 해왔기 때문이다. 그대, 어리석은 질문을 한다면 반드시 어리석은 대답을 얻게 될 것이다. 질문을 한다면 물론 대답을 얻어낼 수는 있다. 그러나 그 질문이 그릇된 것이라면 그 대답 역시 그릇되게 되어 있다. 그릇된 대답만이 그릇된 질문에 맞기 때문이다. 그대가 만일 그릇된 질문을 하는데 내가 바른 대답을 한다면 그대는 내가 전혀 당치도 않다고 생각할 것이다.

이 해

한 사내가 이층버스 안에서 함께 타고 있던 여자 승객을 때렸다는 이유로 고소되었다. 치안 판사가 그에게 할 말이 있으면 해보라고 하였다.

"글쎄요, 판사님. 그게 이렇게 된 겁니다. 그녀는 아래층 내 옆 좌석에 앉아 있었죠. 그런데 그녀가 핸드백을 열고 지갑을 꺼내더니 다시 핸드백을 닫고 지갑을 열었습니다. 그리고 지갑에서 동전을 하나 꺼내더니 지갑을 닫고 다시 핸드백을 열어 그 안에 지갑을 넣고 핸드백을 다시 닫았습니다. 그리고 나서 그녀는 차장이 윗층으로 올라가는 것을 보고는 다시 핸드백을 열고 지갑을 꺼내더니 핸드백을 닫고 지갑을 열고 그 속에 조금 전에 꺼냈던 동전을 다시 넣고 지갑을 닫고 핸드백을 열고 그 속에 조금 전에 꺼냈던 동전을 다시 넣고 지갑을 닫고 핸드백을 열고 지갑을 넣고 핸드백을 닫았습니다. 그리고 나서 그녀는 차장이 다시 내려오는 것을 보고 핸드백을 열고 지갑을 꺼내더니 핸드백을 닫고 지갑을 열고 동전을 꺼내고……"

그럴 때 판사가 비명을 질렀다.

"그만!"

판사는 그의 말을 더 이상을 들을 수가 없었다.

"당신, 날 미치게 만들 거요?"

사내가 말했다.

"내가 바로 그랬다니까요."

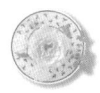

그대, 자신의 마음을 지켜보라. 마음은 항상 이렇게 미쳐 있다. 그대가 마음을 지켜보지 못하는 것도 바로 그 때문이다. 마음을 지켜보라. 그러면 자신이 얼마나 미쳐 있는 지를 알게 될 것이다. 그리고 마음을 지켜보는 것만이 자신의 미친 마음에서 벗어날 수 있는 유일한 길이다. 그대, 자신이 미쳤다는 느낌이 안 드는가?

변 명

 제2차세계대전 때, 군인들에게 운명론을 설교하던 한 목사가 있었다. 목사는 군인들에게 그대들 미래에 대해 염려하지 말라고 말했다. 전쟁터에서의 운명일랑은 걱정하지 말라고 하였다. 왜냐하면 만일 죽을까봐 걱정하게 된다면 그대들이 거기에 없다 할지라도 총탄이 기어코 표적을 맞추게 될 것이라는 거였다. 그러나 결국은 피하게 되어 있다면 전쟁터에서라도 그대들을 명중시킬 총탄은 없을 것이라는 거였다.

 그런 어느 날, 전투가 벌어져서 총탄이 주위에 퍼붓자 그 목사는 근처에 있는 제일 큰 나무 밑으로 황급히 몸을 숨겼다. 그때 마침 한 병사가 그 광경을 뒤에서 지켜보고 있었다. 병사는 목사에게 그의 운명론과 그리고 그가 지금 은신처를 찾는 까닭을 물었다.

 "자넨 그 이론을, 운명론을 충분히 이해하지 못했군."

 목사가 말을 이었다.

 "나는 달리도록 예정되어 있었단 말이야. 이 나무 뒤로."

 변명과 해명들…… 교묘한 위안들…… 은신처들……. 삶은 아무런 변명 없이, 아무런 위안 없이 흘러야만 한다. 그대여, 아무런 이론 없이 그대의 삶을 살 수 있다면, 곧바로, 직접적으로, 순간 순간을 살 수 있다면, 그대는 위안이 아닌, 다름아닌 만족, 즐거움의 원천에 있을 것이다.

깨달음과의 결혼

 어느 마을에 돌연 매우 아름다운 아가씨가 하나 나타났다. 그녀가 어디서 왔는지 아무도 아는 사람이 없었다. 그녀는 어디서 왔는지 상상조차 할 수 없을 만큼 너무나 황홀하게 아름다웠다. 그 마을엔 젊은이들이 몰려들기 시작했고, 그녀에게 장가들겠다는 젊은이가 300명이나 되었다.

 그녀가 말했다.

 "보세요. 전 하난데 당신들은 삼백 명이나 되어요. 전 단 한 사람하고만 결혼할 수 있어요. 그러니 여러분에게 한 가지 숙제를 내드리겠어요. 제가 내일 다시 오겠어요. 여러분께 24시간을 드리겠어요. 여러분 중에서 붓다의 경전을 외는 사람이 있다면 그와 결혼하겠어요."

 젊은이들은 모두 급히 집으로 돌아갔다. 그들은 먹지도 자지도 않고 밤새도록 경전을 외웠다. 그리하여 10명이 경전을 외울 수 있었다.

 다음날 아침, 아름다운 그녀가 와서 10사람에게 경전을 암송해 보라고 하였다. 그녀는 묵묵히 그들이 암송하는 것을 들었다. 10사람은 모두 경전을 외우는 데 성공했다.

그녀가 말했다.

"좋아요. 그러나 나라는 여자는 하나예요.. 제가 어떻게 열 사람과 결혼할 수 있겠어요? 여러분께 24시간을 다시 드리겠어요. 이번엔 그 경전의 의미를 설명해 보세요. 그 의미를 설명할 수 있는 사람과 결혼 하겠어요. 그러니까 여러분은 그 의미를 이해하도록 하세요. 암송이란 단순한 것이어서 기계적으로 되풀이하기만 하면 되죠."

시간이 없었다. 단 하룻밤밖에 시간이 없었다. 그 경전은 무척 길었다. 그러나 멍청히 있을 수만은 없었다. 그들은 급히 집으로 돌아가 열심히 노력했다. 다음날 3명이 나타났다. 그들은 모두 경전의 의미를 이해하고 있었다.

그녀가 말했다.

"또 문제가 남았군요. 사람 수는 줄었지만 아직도 곤란해요. 전 세 사람과 결혼할 수는 없어요. 단 한 사람하고만 결혼할 수 있어요. 24시간을 더 드릴께요. 이번엔 경전을 이해했을 뿐 아니라 그것을 경험한 사람과 결혼하겠어요. 여러분은 경전을 이해하고 설명했지만, 그것은 어디까지나 지적인 것이어요. 좋아요. 여러분은 어제보다는 훨씬 나은 이해를 갖게 되었어요. 그러나 그 이해는 어디까지나 지적인 것이어요. 저는 간접적으로라도 조금이나마 경험해 보고 싶어요. 그 향기를 조금이라도 맛보고 싶어요. 저는 여러분의 존재가 연꽃이 된 것을 보고 싶어요. 연꽃 향기를 맡아보고 싶어요. 내일 다시 오겠어요."

다음날 단 한 사람이 왔다. 그는 목적을 이룬 게 분명했다. 그녀는 그를 마을 근교에 있는 자기 집으로 데리고 갔다. 그 젊은이는 한 번도 그런 집을 본 적이 없었다. 그 집은 꿈속의 것처럼 너무나 아름다웠다. 그녀의 부모가 문 앞에서 기다리고 있었다. 그들은 젊은이를 정중히 맞았다.

젊은이는 안으로 들어가 그녀의 부모와 잠시 이야기를 나누었다. 그녀의 부모가 말했다.

"자, 드시지요. 당신을 기다리고 있었어요. 저기가 그 애 방이지요."

젊은이는 다가가서 문을 열었다. 그런데 그곳에는 아무도 없었다. 빈 방이었다. 그러나 거기엔 정원으로 통하는 문이 하나 있었다. 젊은이는 그녀가 정원에 있을 거라고 생각했다. 그렇다. 그쪽으로 발자국이 나 있으니 그녀는 분명 거기에 있을 것이었다. 그는 발자국을 따라 갔다. 얼마나 갔을까. 정원이 끝나면서 아름다운 시냇물이 흐르고 있었다. 그러나 그녀는 어디에도 보이지 않았다. 발자국마저도 보이지 않았다. 시냇물 앞에 그녀의 황금빛 구두 한짝이 놓여 있을 뿐이었다. 그는 혼란스러워졌다.

어찌된 일인가? 그는 주위를 둘러보았다. 그러나 정원도 집도 그녀의 부모도 온 데 간 데 없었다. 모두가 사라져 버린 것이었다. 그는 다시 한 번 둘러 보았다. 그녀의 황금빛 구두도 아름다운 시냇물도 어디론가 사라져 버렸다. 모든 것이 공허했다. 그 때 그는 크게 웃음을 터뜨렸다. 우하하하하…….

그는 크게 웃었다. 그는 결혼한 것이다. 마침내, 그는 공, 무와 결혼한 것이다. 이것이 바로 참된 탐구자들이 추구하는 결혼이다.

모든 것이 사라진다. 길도 정원도 집도 여자도, 그 발자국마저도 모두 사라진다. 모든 것이 사라진다. 우주의 자궁으로부터 일어나는 것은 웃음, 웃음이다.

사는 것

 어떤 재단사가 친구와 함께 사냥 얘기를 하고 있었다.
 "그 때 난 아프리카에서 사자를 사냥하고 있었지. 그런데 갑자기 저만큼 앞에서 사자를 한 마리 발견하게 되었네. 마침내 손엔 총이 없었어. 사자가 점점 가까이 다가오더군. 바짝 좁혀 오더라구."
 친구는 숨을 죽였다.
 "그래, 어떻게 됐지?"
 "잘 들어봐. 그 긴 얘기를 짧게 하자면 말이지, 사자는 곧장 날 덮쳤네. 그리고 날 죽였지."
 친구가 물었다.
 "그게 무슨 말인가? 사자가 자넬 죽였다니? 자넨 지금 여기 이렇게 살아 있지 않은가?"
 재단사가 말했다.
 "그럼 자넨 이게 사는 거라 생각하나?"

살아 있는 것처럼 보일지라도 진실로 살아 있는 것은 아니다. 그대는 죽어 있다. 과거에 의해서, 과거의 사자에 의해서. 혹은 미래에 의해서, 미래의 사자에 의해서 그대는 죽어 있다. 그대는 적에 의해 살해되었다.

꿈

한 사람이 어느 날 꿈을 꾸었다. 도시에 있는 어떤 다리 부근에 굉장한 보물이 숨겨져 있어서 그곳엘 가기만 하면 그 보물을 얻을 수 있다는 것이었다. 아침에 잠을 깬 그 사람은 웃음이 절로 나오는 것을 어쩔 수 없었다. 그는 가난한 사람이었다. 가난한 랍비였다. 가난한 랍비는 웃음이 나왔다.

"말도 안 되지. 거기가 얼마나 먼 곳인데. 백 리는 될 걸 아마. 꿈은 꿈일 뿐이라구."

그런데 그는 똑같은 꿈을 또 꾸었다. 그러자 좀 미심쩍은 생각이 들기 시작했다. 어쩌면 꿈만은 아닐지도 모르지 않는가. 신이 내게 계시를 내려주셨는지도 모르지 않는가. 그렇지만 꿈 때문에 백리나 되는 먼 길을 떠날 만한 용기가 그에겐 없었다. 그는 무척 가난했고, 설령 길을 떠나려 한다 해도 여비를 누군가에게 빌어야만 했다. 그는 또 그 도시에 정말 꿈에 본 그런 다리가 있는지 없는지조차 알 수가 없었다. 그 도시에 가본 적이 한 번도 없었기 때문이다.

셋쨋 날 그는 또 꿈을 꾸었다. 꿈이 완강하고 끈질기게 말하는 것이었다.

"어서 가라. 가서 보물을 찾으라. 모두 네것이다. 보물은 그 다리 바로 옆에 있다."

그리고 정확한 위치까지 또렷이 보이는 것이었다. 보물이 있는 그 장소뿐만 아니라, 주변의 모든 것이 직접 가서 보는 것처럼 사실적으로 다 보였다. 그는 생각했다. 이렇게까지 사실적으로 보이는데 안 갈 수는 없다고.

그는 결국 길을 떠났다. 백리나 되는 먼 길이었다. 길을 가면서 물론 수없는 의혹과 의심이 일어났다.

"끝장을 내버려야지. 내가 직접 가서 확인을 해보리라."

드디어 목적지에 도착한 그는 깜짝 놀라지 않을 수 없었다. 꿈에 본 그 다리가 정말 거기에 있는 것이었다. 꿈속의 다리와 똑같았다. 완전히 똑같았다. 주변 풍경도 나무들도 모두 똑같았다. 보물이 있다는 그 장소도 꿈속에서 본 것과 똑같았다. 그런데 딱 한 가지 문제가 있었다. 꿈속에선 보이지 않던 경찰관 한 사람이 그 자리에 서 있는 것이었다. 한 사람의 경찰관이 일정한 시간마다 교대를 할 뿐, 거기엔 언제나 한 사람의 경찰관이 있었다. 24시간 언제나 거기엔 경찰관이 있었다.

그래서 그는 사람들에게 왜 거기에 늘 경찰관이 있는 것인지 물었다. 사람들이 말했다.

"저 다리에서 여러 명이 자살했거든요."

문제가 아닐 수 없었다. 그는 자연히 다리 주변을 맴돌기 시작했다. 그가 다리 주변을 어정거리며 왔다 갔다 하자, 경찰관은 그를 미심쩍어 하게 되었다.

그가 계속 다리 위를 왔다 갔다 하는 것을 보던 경찰관이 하루는 그를 불러 세웠다.

"이보시오. 왜 그러시오? 당신 혹시 자살하려는 거 아니오? 말썽부리지 마쇼. 뭣 때문에 여기서 어정거리쇼? 뭐하는 거요?"

가난한 랍비가 말했다.

"내 말 좀 들어보시오. 난 사실 이 다리엔 조금도 관심이 없소. 내가 여길 서성거리는 건 꿈 때문이오. 아주 생생하단 말이오."

그러면서 그는 경찰관에게 자신의 꿈 얘기를 해주었다.

"이건 꿈인데, 당신이 서 있는 바로 그 자리, 세 자 깊이에 굉장한 보물이 있단 말이오."

경찰관은 킥킥대며 웃었다.

"당신 참 어리석기 짝이 없는 양반이군. 한데 묘한 게 좀 있기는 하오. 나도 꿈을 꾸었는데 이러저러한 마을에 - 가난한 랍비가 사는 마을이었음 - 요모조모한 랍비가 - 가난한 랍비와 똑같은 사람이었음 - 살더란 말입디다. 그런데 그 랍비의 침대 밑에 굉장한 보물이 있다는거요. 계속 그런 꿈을 꾸었단 말이오. 이봐요. 그렇지만 난 그 따위 꿈엔 조금도 개의치 않소. 꿈은 어디까지나 꿈에 지나지 않소. 당신은 참 어리석군. 난 바보가 아니란 말요. 백 리나 되는 그 마을을 찾아가서, 거기다 또 그 가난한 랍비를 찾아내서, 또 그 랍비의 침대 밑을 파헤쳐보는 따위의 어리석은 짓은 안 한단 말이오. 아시겠소? 꿈은 어디까지나 꿈이란 말요. 이보쇼. 얼른 집으로 돌아가시오. 얼른!"

가난한 랍비는 부랴부랴 집으로 돌아왔다. 집으로 돌아온 그는 얼른 침대 밑을 파헤쳐 보았다. 거기엔 굉장한 보물이 묻혀 있었다.

그대는 구름처럼 머리에 떠 있다.

가슴은 찬양속에서 그대가 돌아오기만을 기다리고 있다.

보물은 바로 거기에 있는데, 그대는 그걸 찾으러 세상을 헤매고 있다.

습 관

어느 늙은 도박사가 죽음을 앞에 두고 아들에게 유언을 했다.

"아들아, 너만은 절대 카드에 손대지 않겠다고 약속을 해다오. 그리고 무엇보다도 블랙 잭은 절대 하지 말아라. 그건 재산을 잃게 하고 시간을 낭비케 하고 건강을 해치게 하고 수많은 고뇌와 고통이 뒤따르는 무서운 도박이란다. 내 죽음을 앞두고 여기에 와 있는 자비로운 죽음의 사자들과 전지전능한 신을 증인으로 맹세를 하렴. 절대로 블랙잭은 하지 않겠다고. 그리고 카드엔 절대 손대지 않겠다고 말이야."

효성이 지극한 아들이 울먹이며 말했다.

"약속하겠습니다, 아버지."

늙은 도박사가 다시 말했다.

"그리고 반드시 이 점을 명심해라. 어쩔 수 없이 도박을 하게 될 경우에는 반드시 물주를 잘 선택하도록."

 습관. 이 지독스런 습관. 역시 도박사는 도박사이다. 사실 그의 설교에는 아무런 의미가 없다. 피상적인 것에 지나지 않는다. 그의 무의식 속에서는 뭐라 중얼거리는가?

 그대는 내 말을 듣고 있다. 그러나 그것은 그대 의식의 표면에서 반짝하고 타올랐다가 금세 꺼져버린다. 그 불빛 속에서 일순간 뭔가 이해한 것 같기도 하지만, 깊은 무의식 속에서 강풍이 일어나고 그리하여 그 작은 불꽃을 금세 꺼버린다.

사다리

 한 사람이 대단히 종교적인 삶을 살았다. 그 사람은 자기네 종교의 모든 의식을 성실히 따랐고, 자기네 종교가 규정한 모든 율법을 성실히 준수했으며 오직 한 스승만을 섬겼다. 스승과 제자는 물론 같은 배를 타고 있었다. 그가 그 스승을 섬긴 것은, 자신이 따르고 있는 똑같은 원리들을 지키는 데 있어 스승이 아주 완벽하기 때문이었다. 그의 스승은 극단론자였다. 그의 스승은 죽은 말, 죽은 글에 절대적으로 헌신했다. 경전은 곧 그의 영혼이었다. 그는 아주 완고해서 한 치도 결코 흔들리는 법이 없었다. 그는 이미 죽은 사람이었다. 그러나 그는 의식에 관한 한 완벽했다. 의식에 관한 한 그는 아주 사소한 실수도 하지 않았다. 그는 완전무결하였다. 그래서 그를 스승으로 섬겼던 것이다.
 그런 어느 날 밤, 그는 꿈을 꾸었다. 꿈속에서 그는 죽었는데, 성베드로를 만나자 물었다.
 "전 천국으로 들어갈 수 있을까요?"

그의 물음은 은근히 확신에 찬 것이었는데, 자신에게 주어진 것은 무엇이든 완벽하게 지켰던 때문이었다. 그는 모든 율법을 자동적으로 따랐으며, 조금만 실수도 결코 범한 적이 없었다. 그래서 그는 확신하고 있었다. 그가 다시 물었다.

"전 천국으로 들어갈 수 있을까요?"

그의 물음은 또한 대단히 겸손한 것이었다. 그런데 베드로가 말하기를,

"어렵소! 여긴 천국이 아니야."

베드로는 그에게, 천국의 문은 훨씬 더 높은 곳에 있는데 그곳엔 오직 길다란 사다리를 타고 올라가야만 한다고 설명해 주었다. 베드로가 사다리를 가리키는데, 그 사다리는 높이 높이 뻗어 올라가다가 구름속으로 뚫고 들어가 있었다.

사다리를 본 그는 흠칫 놀랐다. 사다리는 끝이 없는 듯했다. 그래서 그가 물었다.

"그럼 전 언제쯤 도달할까요? 이 사다리는 끝도 없는 것 같네요!"

베드로가 말했다.

"겁먹지 말라. 그건 오직 네게 달렸다. 저 사다리는 사람에 따라 다르게 작용한다. 그 방법을 일러 주겠다. 그대는 이 분필을 갖고 사다리를 오른다. 사다리를 오르면서 그대는 간통을 했다거나, 우상숭배를 했다거나, 호색한 생활을 했다거나,

무슨 잘못을 범했다거나, 또 마음 속으로 무슨 죄를 범했다거나 하여튼 모든 죄악에 각각 그 분필로 점수를 먹여야 한다. 그대가 저지른 죄마다 사다리 디딤대에 하나 하나 표시를 하는 것이다. 그렇게 사다리를 타고 올라가며 모든 행위와 생각에 표시를 다 끝내면 비로서 사다리 끝에 당도하여 천국의 문 앞에 서게 될 것이다. 그러므로 순전히 그대 자신에게 달렸다. 그대가 만일 많은 잘못을 저질렀다면 그로 인해 천국으로 가는 길은 그만큼 길어질 것이요, 또 그대가 잘못을 적게 저질렀다면 그만큼 천국으로 가는 길은 짧아질 것이다. 이같이 이 사다리는 융통성이 많다. 사람에 따라서."

그 사람은 베드로의 말에 아주 만족스러웠다. 그는 분필을 쥐고 사다리를 오르기 시작했다. 그러나 한참을 올라가도 아무런 조짐도 보이질 않았다. 다리가 떨리기 시작했고, 팔이 아파왔다. 오랫동안 사다리를 올라갔지만 아무 것도 만날 수가 없었다. 문이라고는 비슷한 것도 보이질 않았다. 사다리는 여전히 높이 솟아 있었고, 그는 오르고 또 올랐다.

얼마나 올라갔을까. 지치고 지친 그는 결국 진저리를 치기 시작했다. 하지만 계속 오르지 않을 수 없었다. 거기서 일을 그만두려면 이제껏 오른 그만큼 다시 내려가야 했는데, 그것도 그다지 쉬운 일이 아니었다. 그는 자기 마음을 달랬다.

"조금만 더 올라가면 될 거야. 한 며칠쯤…… 아마…… 가능성은 있어. 희망은 있어."

그렇게 사디를 오르던 어느 날, 그는 소스라치게 놀랐다. 왜냐하면 자신이 비록 실제로는 아무런 죄도 범하지는 않았을지라도 마음 속으로는 온갖 죄를 다 범했기 때문이었다. 끊임없이.

그는 오랜 동안을, 아주 오랜 동안을 사다리를 타고 오르면서 자신의 죄를 숱하게 기록했는데도 죄악의 사다리는 여전히 높이 뻗어 있었다. 그는 자신의 죄를 꾸역꾸역 토해내며 사다리를 계속 오르고 있었다. 죄는 하나도 빠짐없이 모조리 범하기라도 한 것 같았다.

그런 어느 날, 그는 문득 저만큼 위에서 사다리를 내려오고 있는 자신의 스승을 발견했다. 스승을 보니 얼마나 놀랍고 기뻤겠는가.

"아아 스승님! 스승님께서는 지금 더 많은 제자들을 천국으로 데려가시기 위해 다시 돌아가시는 건가요?"

"아니지. 그대는 아직도 어리석군 그래! 분필이 더 있어야겠기에 내려가는 것이야!"

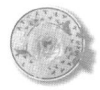

 의식주의적인 종교는 사람을 억압한다. 종교의 죽은 몸. 그것은 그대의 몸을 불구로 만들어 아예 못 쓰게 망가뜨린다. 그대의 마음은 도리어 온갖 종류의 나쁜 짓을 다 생각하게 된다. 그대는 상상한다. 마음 속으로 온갖 짓을 다한다. 그대의 의식은, 그대가 실제로 일을 벌일 때보다도 마음 속으로 벌일 때 더 더러워진다.

단 추

한 플레이보이가 어느 특급 호텔에 투숙하게 되었다. 그는 이 호텔에서 룸서비스가 가장 좋은 방을 달라고 하였다.

방 안으로 들어간 그는 으리으리한 가구와 멋진 장식들을 보고 무척 기뻤다. 그러다가 벽에 붙어 있는 단추들을 발견하고 벨보이에게 물었다.

"저 단추들은 어디에 쓰는 거지?"

벨보이가 대답했다.

"선생님께서 금색 단추를 누르시면 아름다운 금발머리 아가씨가 나타납니다."

플레이보이는 흥분을 감추지 못하고 계속 물었다.

"그래? 다른 단추는?"

"빨간 단추를 누르면 빨강머리 아가씨가 나타나고, 갈색 단추를 누르면 갈색머리 이기씨가 나타납니다."

플레이보이는 싱글벙글하며 말했다.

"그렇다면 방 따위는 아무래도 좋아. 저 단추들만 있으면 돼."

 그대가 정말 내 말을 듣고 즐긴다면 명상도 즐거워할 것이다. 내 말과 명상은 서로 밀접한 관계에 있다. 그러나 내 말은 그대가 명상을 할 수 있도록 도와주는 것에 불과하다.
 나는 음식에 대해 얘기하고 있다. 그러나 음식에 대해 얘기하는 것만으로는 아무 도움도 안 된다. 메뉴가 곧 음식은 아니다. 말은 단지 메뉴에 불과하다.
 저 단추들을 집으로 가져가 봤자 아무 소용이 없다. 저 단추들은 그 방에 딸려 있는 것이다. 저 단추들을 집으로 가져가 아무리 눌러봐도 아무도 나타나지 않을 것이다.

영혼과의 사랑

언젠가 사람들이 한 여자를 데리고 날 찾아왔다. 그녀의 남편은 죽었다고 했다. 남편이 죽은 지 석달이나 지났는데도 그녀는 아직도 심한 고통 속에서 헤어나질 못하고 있다는 거였다. 매일같이 온종일 울부짖으며 아무 것도 먹지 않고 잠도 자지 않는다는 거였다. 어느 정도야 친척들도 달래가며 참을 수 있었지만 이건 해도 너무한다는 것이었다. 다른 사람들이 죄다 미쳐버릴 지경이었다. 그래서 친척들이 그녀를 내게 데려온 것이었다.

나는 그녀에게 원하는 것이 무어냐고 물었다. 그녀는 말하기를,

"제 남편이 꼭 돌아와야 해요. 그이 없인 전 살 수가 없어요. 그이 없는 인생이란 아무런 의미가 없어요."

나는 말하기를,

"그럼 좋다. 내 그대가 남편을 만날 수 있도록 해주겠다."

그녀는 내 말을 믿을 수가 없었다. 그녀는 이제껏 여러 사람

들에게 그런 소망을 털어놨었지만 사람들은 모두 그저 심심한 위로의 말만을 되풀이할 뿐이었던 것이다. 그러나 나는 분명하게 그녀에게 말했다.

"좋다. 내가 만날 수 있게 해주겠다. 그대는 지금 저 방으로 들어가서 문을 꼭 닫고 조용히 앉아 있으라. 반 시간 안에 남편이 그대 앞에 나타날 것이다. 그러나 명심해라. 영혼으로 나타날 것이다."

그녀가 말하기를,

"영혼이라뇨? 무슨 말씀인지요?"

나는 말하기를,

"몸뚱이가 없을 것이다. 그대가 그의 몸뚱이를 이미 태워버렸지 않느냐. 남편은 유령으로 나타날 것이다."

그녀가 말하기를,

"그럼 전 방에 들어가지 않겠어요. 그이가 유령으로 나타난다면 전 너무나 놀랄 거예요. 전 이미 너무나 많은 고통을 받았거든요. 더 고통 받긴 싫어요! 제발 저를 좀 살려 주세요."

나는 말하기를,

"하지만 그대는 남편을 무척이나 사랑했지 않은가?"

그녀가 외쳤다.

"그래요. 그이를 정말 너무너무 사랑했지만 유령을 사랑한 건 아녜요!"

그 날 이후 그녀는 진정되었다. 그녀를 보내면서 나는 이렇게 말했다.

"사흘 안에 진정하여라. 그렇지 않으면 내 그대의 남편이 그대를 찾아가게 할 것이다."

나는 매일 그녀의 집으로 가서 그녀에게 진정되었는지 어떤지 물었다. 사흘 째 되던 날, 그녀는 이렇게 말했다.

"브하그완, 이젠 오실 필요 없어요. 전 이제 완전히 진정되었거든요. 간밤에 전 한숨도 못 잤어요. 무슨 소린가 들리기도 하는 것 같기도 하고, 누군가가 다가오는 것 같기도 하고, 경찰관이 지나가는 것 같기도 한데 난 그냥 무서워서 꼼짝도 못 했어요. 아마 그이가 왔었나 보죠?"

그대를 영혼으로 사랑하는 사람은 없다. 이것이 바로 그대의 사랑이 늘 만족스럽지 못한 까닭이다.

산 책

노자는 아침 산책을 즐겨 한 사람이었다. 그의 아침 산책길에는 이웃친구 한 사람이 늘 동행하였다. 그 이웃친구는 노자가 지극히 말 없는 사람이며 얘기하는 걸 별로 좋아하지 않는다는 것을 잘 알고 있었다.

언젠가 아침 산책길에 이웃친구가 저도 모르게 '참 아름다운 아침이구나!' 하고 말을 하였다. 노자는 이 친구가 갑자기 좀 실성하지 않았나 싶었다. 그 친구는 들떠 있었다. 그가 말했다.

"왜 그러시는가? 왜 그런 눈으로 날 보시는가? 내가 뭘 잘못했는가?"

노자가 말했다.

"나도 지금 아침을 보고 있지 않나. 그런데 왜 참 아름다운 아침이구나! 하고 말을 하시는가? 내가 그렇게 둔하기라도 하단 말인가? 내가 지금 잠자고 있기라도 하단 말인가?"

그 때부터 이웃친구는 말을 하지 않았다. 그는 노자의 아침 산책길을 늘 함께하곤 했는데, 여러 해를 그렇게 하다 보니까 저절로 명상을 할 줄 알게 되었다.

그런 어느 날 이웃친구에게 한 방문자가 찾아왔다. 그 방문자는 자신도 함께 아침 산책을 하고 싶다고 하였다. 그래서 노자와 이웃친구와 그의 방문자도 함께 산책을 나섰다. 방문자가 대뜸 입을 열었다.

"참 아름다운 아침이구나!"

이웃친구는 어리둥절하였다. 그가 말했다.

"이상하시군. 그런 말을 뭣 때문에 하시는가? 나도 지금 보고 있지 않는가?"

그대, 생각하지 말아라. 말하지 말아라. 속으로 말하지 말아라. 말을 떠올리지 말아라. 꽃을 보면서 '아름다운 꽃!'이라고 말하지 말아라. '꽃!'이라고 부르지 말아라. 그냥 보아라. 오직 보아라.

허풍

뮬라 나스루딘이 기차 여행을 하는데 공교롭게도 세 명의 여자 승객과 한 객실을 사용하게 되었다. 세 여자는 저마다 한껏 자기 자랑을 늘어놓기 시작했다. 여자들이 대개 그렇듯이. 여자들의 일생이란 대개 자신이 훨씬 더 아름답고, 훨씬 더 부자고, 훨씬 더 잘났다는 것을 딴 여자들에게 보여주려는 버둥거림이다.

첫 번째 여자가 말하기를,

"아 우리 그이가 글쎄 오만 루피나 되는 팔찌를 사주지 않겠어요. 근데 난 백금에 알레르기 반응을 보여서 그 팔찌를 보석상한테 돌려보냈답니다."

두 번째 여자가 말하기를,

"우리 그이는 글쎄 오천 루피나 되는 밍크를 사주지 않겠어요. 근데 난 밍크에 알레르기 반응을 보여서 모피상에게 되돌려 보냈어요."

세 번째 여자가 말하기를,

"우리 그이는 글쎄……."

그 때 뮬라 나스루딘이 갑자기 쓰러지면서 까무라치고 말았다. 얼마 후 그가 다시 정신을 차리자 세 여자가 왜 그랬느냐고 물었다.

그가 말하기를,

"난 허풍에 알레르기 반응을 보이거든요."

생각은 공상적이다. 생각이란 허풍이다. 생각함으로써가 아니라, 사고에 의해서가 아니라, 머리를 통해서가 아니라, 명상함으로써, 사랑에 의해서, 가슴을 통해서 일어나는 그것! 아, 그것!

찰 나

 깊은 산속을 한 사람이 뛰어가고 있었다. 그의 뒤에서는 한 마리 사자가 이빨을 드러내며 쫓아오고 있었다. 도망치던 그는 낭떠러지에 이르고 말았다. 더 이상 갈 데가 없었다. 그는 어쩔 줄 몰랐다. 낭떠러지 아래를 내려다보았다. 계곡은 매우 깊었다. 깊고 깊은 심연이었다. 무슨 기적이라도 일어나지 않는 한 아무런 방법이 없었다. 그는 다시 한 번 주의깊게 절벽 밑을 살펴 보았다. 그런데 계곡 밑에서도 두 마리의 사자가 이빨을 드러내고 있는게 아닌가. 사자가 으르렁대며 점점 다가오고 있었다. 그 소리가 아주 가깝게 들려 왔다.

 그는 그 자리에 가만 있을 수도, 그렇다고 절벽 아래로 뛰어내릴 수도 없었다. 단 한 가지 방법이 있다면 절벽 밑으로 난 나무뿌리에 매달리는 것이었다. 그는 할 수 없이 나무뿌리를 붙잡고 매달렸다. 그러나 나무뿌리가 약해서 언제 끊어져 버릴지 몰랐다. 해가 기울어서 곧 찬바람이 불 것이었다. 그리고 손에서는 힘이 거의 빠져 나가서 시간이 갈수록 죽음이 확실해졌다. 거기엔 순간 순간 죽음이 있었다. 그 때 그는 또 두 마리의 생쥐가 나무뿌리를 갉아먹고 있는 것을 발견했다. 두 마리 생쥐는 막무가내로 이빨을 들이대고 있었다. 이제 한 순간에 나무뿌리는 끊어져 버릴 것이었다.

그는 다시 주위를 살펴 보았다. 그 순간 그는 바로 그 나무 위에서 꿀이 넘쳐 흐르고 있는 벌집을 발견했다. 순간 그는 모든 것을 잊고 거기다 혀를 댔다. 꿀맛이 어마어마하게 달콤했다.

이 사람은 찰나에 살며 모든 것을 잊었다. 그것은 찰나이므로 거기에 죽음은 없다. 사자가 없고 시간이 없으며 아무 것도 없다. 오직 그의 혀에 비밀스런 꿀맛만이 있다.

지금 이 순간의 과거로부터 한 마리 사자가 쫓아오고 있다. 지금 이 순간의 미래에서 두 마리 사자가 기다리고 있다. 그리고 두 마리 생쥐가 삶의 뿌리를 갉아먹고 있다. 그러나 그대가 만약 지금 이 순간에 살 수 있다면 그 맛은 지극히 달콤할 것이다.

이것이 바로 사는 길이다. 이것만이 사는 길이다. 이 삶은 참으로 아름답다.

액 자

암스테르담 국립 박물관에서 어느 노부부가 렘브란트의 걸작인 '야경'을 감상할 기회를 갖게 되었다. 그들은 여러 복도를 지나 한참 걸은 뒤에 마침내 그 유명한 걸작 앞에 이르렀다. 안내인이 듣자니, 그 남편이 아내에게 하는 말이,

"자 봐요. 액자가 참 아름답지 않소?"

액자가 물론 아름다울 수도 있다. 하지만 노부부는 분명 본질적인 것을 놓치고 있다. 그 액자가 아름답지 않다는 말을 하는 게 아니다. 어쩌면 그 액자가 세상에서 가장 아름다운 액자일 수도 있다. 하지만 그들은 렘브란트의 걸작을 보러 갔던 것이다. '야경'을 보러 가서 그 액자 얘기를 한다는 건 참 어처구니 없는 것이다. 액자는 사실 그 그림과 별 상관이 없다. 내

가 지금 애기하는 것은 이 액자와 같은 것이다. 액자에 현혹되지 말고 그 걸작을 보라.

회개

한 랍비가 사람들에게, "죽기 전에 회개하라" 하고 말하곤 하였다.
사람들이 말했다.
"하지만 랍비여, 우리는 우리가 죽는 날을 알지 못하나이다."
랍비가 말했다.
"그렇다면 오늘 지금 당장 회개하라."

그대, 모른다고 해서 뒤로 미루지 말라. 내일, 아니 바로 다음 순간 그대는 이 세상에서 사라질지도 모른다. 지금, 바로 지금이야말로 그대의 유일한 순간이며, 지금 바로 여기야말로 그대의 유일한 장소이다. 그대가 '지금 여기'에 있을 때, 행복은 자연히 그대를 뒤따라 온다. 행복은 꼬리에 있기 때문이다.

선 택

어떤 사람이 매우 커다란 연못이 있는 집에서 살고 있었다. 그 연못에는 작은 수련(睡蓮)이 자라고 있었다. 그 연못의 주인은 퍽 행복했다. 그는 수련의 하얀 꽃을 무척이나 좋아하고 있었다. 그런데 수련은 매일 두 배로 불어나 얼마 안 있으면 연못 전체가 수련으로 뒤덮일까 걱정이 되었다. 연못 속에서는 송어가 살고 있었는데, 연못이 온통 수련으로 뒤덮인다면 그 좋아하는 송어도 잡아먹을 수 없게 되기 때문이었다.

그는 수련을 자르고 싶지도 않았고, 그렇다고 송어를 잡아먹지 못하게 되는 것도 원하지 않았다. 그는 결국 진퇴양난에 빠지게 되었다. 그래서 전문가에게 상담을 하러 갔다. 전문가는 한참 상담을 하더니 이렇게 말했다.

"걱정하지 마십시오. 수련이 연못 전체를 다 덮을 때까지는 꼭 천일이 걸립니다. 수련은 아주 작고 연못은 아주 크지 않습니까. 그러니 걱정할 필요가 하나도 없습니다."

그리고는 전문가는 한 가지 해결책을 말해 주었다. 그 해결

책은 전혀 틀림이 없는 매우 합당한 것으로 보였다.

전문가는 이렇게 말했다.

"기다리십시오. 그러다 연못의 반이 수련으로 채워지면 그 때 수련을 자르십시오. 그리고 항상 연못의 반만 수련으로 채워진 상태에 있게 한다면 하얀 수련과 송어를 둘 다 늘 즐길 수 있을 테니까요. 오십 대 오십으로 반을 수련으로 그리고 반은 송어로 즐기도록 하십시오."

그 해결책은 대단히 합리적인 것으로 보였다. 천 일이라면 시간도 충분했다. 그러므로 걱정할 필요가 전혀 없었다. 주인은 모든 긴장과 불안을 이젠 풀어 버릴 수 있었다. 그는 생각했다. '연못의 반이 채워지거든 그 때 수련을 자르도록 하자.'

세월이 흘러 마침내 연못의 반이 수련으로 채워졌다. 그런데 그 날은 바로 999일째 되는 날이었다. 일반적으로 생각하자면 500일이면 반이 채워진다고 생각할 것이다. 그러나 그렇지 않다. 수련은 매일 두 배씩 늘어난다고 했다. 따라서 천 일째 전부가 채워진다면 절반이 채워지는데는 999일이 걸린다. 이제 하루만 더 있으면 연못 전체가 수련으로 가득찰 것이었다. 수련을 잘라내는 데는 단 하루밖에 남지 않았다.

999일째 되는 날 연못의 주인은 그리 기분이 좋지가 않았다. 그러면서도 그는 이렇게 생각하게 되었다. '서두를 필요는 없겠지. 999일이나 기다렸는데 무엇이 문제이겠는가? 하루만

더 있다가 자르자.'

 이튿날 아침 연못은 온통 수련으로 뒤덮였고, 송어는 모두 죽어버렸다.

 바로 이런 것이 삶의 수수께끼 아니겠는가. 사람들은 바로 여기에서 진퇴양난에 빠져 버린다. 그대는 어느 하나를 선택해야 한다. 물질에 대한 욕망을 만족시키며 물질을 축적한다면 결국 그대의 삶은 질식당하고 말 것이다. 인생은 참으로 길어 보인다?

쇠창살

한 변호사가 최근 종신 징역형을 언도받고 주 감옥에 갇혀 있는 자기 고객을 찾아갔다. 그는 면회실에서 죄수 고객과 테이블을 사이에 두고 마주앉아 자기가 취한 여러 가지 법적 절차를 설명했다.

"하급 법원에 자료를 제출하여 호소해 보았지만 모두 거부되고 말았소. 그래서 주 최고 법원에 호소했지만 역시 기각되고 말았소. 다음에는 연방 지방 법원에 자료를 제출해 호소해 보았지만 역시 기각되었소. 그래서 최후의 수단으로 지난 주에는 미합중국 최고 법원에 호소해 보았지만 그것 역시 기각되고 말았습니다."

그러자 죄수는 제정신이 아닌 듯 버럭 소리를 질렀다.

"하지만 우린 틀림없이 다른 어떤 자료를 제출할 수 있을 거요."

"딱 한 가지가 남아 있습니다."

변호사가 말하더니 자기 가방에서 조심스럽게 쇠톱을 하나 꺼내 몰래 죄수에게 건넸다.

"마지막으로 남은 방법은 오로지 쇠창살을 자르는 것이오."

여기서 내가 하는 것은 오로지 그대가 쇠창살을 끊도록 돕는 것이다. 그대의 저 인격, 도덕, 책임감, 의무감 －사회에 대한, 신에 대한, 교회에 대한, 국가에 대한－ 이런 모든 것이 바로 그대를 동물처럼 가두는 쇠창살 들이다.

그대, 인간이 수세기 동안 조금도 진화하지 못하고 있다는 사실을 알지 못하는가? 다른 모든 것은 변화해 왔는데 인간만이 제자리 걸음을 하고 있다. 그대는 이미 감금되어 있다. 동물처럼. 나의 모든 노력은 따라서 그대가 감옥에서 빠져나오도록 돕는 것이다.

증 상

한 사내가 정신과 의사의 방문을 부술 듯 열며 들이닥쳤다. 그가 외쳤다.
"선생님! 저 좀 도와 주세요. 전 마음을 잃어버린 게 틀림없어요. 전 일 년 전에 있었던 일, 심지어 어제 있었던 일들도 도무지 기억할 수가 없어요. 전 미쳐버린 게 분명해요!"
"흐음……"
정신과 의사가 곰곰 생각하더니 물었다.
"정확히 언제 그 증상을 처음 알았습니까?"
사내가 어리둥절해 하며 의사를 쳐다 보았다.
"뭘 말입니까?"

그 때 난 바로 이런 상황에 있었다. 기적은 일어났는데 난

이런 상황에서 일년을 지내야 했다. 그 일 년 동안 난 무슨 일이 있는 건지조차 알수 없었다. 그 일 년 동안 나는 단순히 살아가기도 무척 힘들었다. 단순히 삶을 지속하기도 힘들었다. 왜냐하면 모든 욕망이 사라져 버렸기 때문이다. 시간이 가고 날이 가도 조금도 허기를 느끼지 않았다. 갈증도 전혀 느끼지 않았다. 나는 나 자신에게 먹도록 강요해야만 했다. 내 머리가 있는지 알아보기 위해서 난 내 머리를 때려봐야만 했다.

나는 매일같이 아침 저녁으로 5~8마일을 달리곤 했다. 사람들이 모두 날 미쳤다고 생각했다. 난 왜 그렇게 달렸는가? 그처럼 달리면서 나는 나 자신을 느낄 수 있었고, 내 존재를 느낄 수 있었다. 달리기는 나 자신과의 만남을 잃지 않게 해주었다.

그리고 나는 나 자신을 폐쇄시켜야 했다. 누구와도 말하지 않았다. 왜냐하면 모든 것이 한 마디도 할 수 없을 정도로 모순되어 있었기 때문이었다. 말하는 도중에 나는 내가 무슨 말을 하고 있는 건지 잊어버린곤 했다. 길을 가다가도 내가 어디로 가고 있는 건지 잊어버리곤 했다. 책을 읽다가도 갑자기 내가 무엇을 읽었는지 잊어버리곤 했다.

그것은 우연히 일어났다. 그것은 하나의 기적이었다. 그러나 대단히 힘든 것이었다. 나는 아무 것도 하지 않고 있었다! 그것은 나를 넘어서 일어나고 있었다!

유 령

얼마 전 한 정치가가 세상을 떠났다. 당연하게도 그는 먼저 천국의 문을 두드렸다. 그는 자신이 마땅히 천국으로 가야 한다고 생각했다. 그러나 수문장은 말했다.

"이곳은 당신이 올 곳이 아니다."

"나는 위대한 정치가이며 지도자요."

"그건 나도 알고 있지만 정치가와 지도자들은 이곳에 올 수가 없다. 다른 곳으로 가라."

이건 분명코 VIP에 합당한 대우가 아니었다. 그러나 어쩌겠는가? 이제 그는 혼자였고 아무 것도 아니었다. 그는 못내 아쉬워하며 다른 곳으로 갔다.

그는 결국 염라대왕을 찾아갔다. 그러나 염라대왕이 말했다.

"넌 안돼, 너 같은 정치가들이 이미 이곳에 꽉 찼어."

그러자 정치가는 발을 동동 구르며 물었다.

"그게 무슨 말씀입니까? 그러면 전 어떡하라구요? 다시 뉴델리로 돌아가란 말씀입니까? 천국에도 지옥에도 제자리가 없다면 전 뉴델리로 다시 돌아가야 합니까?"

그대, 사랑할 때는 슬프고 심각한가? 놀이하고 장난할 때는 초조해지는가? 내가 죽어, 다른 사람의 불행을 덜어주려는가? 자살하겠다는 건가? 그대, 제발 그런 짓은 하지 말라. 만일 그렇게 한다면 그대는 유령이 될것이다. 유령이 되어 다른 사람들을 붙어다니며 괴롭힐 것이다. 나는 그런 사람이 천국에 갔다는 얘기를 들어본 적이 없다. 그리고 최근 지옥의 염라대왕조차도 그런 사람을 받아들이지 않는다는 얘기를 들은 적이 있다.

요즘 유령은 어디서도 받아들여지지 않는다. 유령이 되어 떠도는 그대는 필경 다른 사람들을 붙어다니며 괴롭힐 것이다. 그대, 그대 자신을 위해 살고, 죽더라도 그대 자신을 위해 죽어라. 그대, 순교자의 삶이 아니라 사랑하는 자의 삶이어라.

암 탉

　제비들이 농가의 지붕에 한줄로 앉아서 지저귀며 이런 저런 얘기들을 하는데 무엇보다도 여름과 남쪽 나라에 대해 많이 얘기를 하였다. 가을이 오고 있었고, 북풍이 그들을 기다리고 있기 때문이었다.

　그런 어느 날 제비들은 모두 홀연히 날아가 버렸다. 그러자 다른 짐승들이 제비와 제비들이 날아간 남쪽 나라에 대해 얘기를 했다.

　암탉이 말했다.

　"내년엔 나도 남쪽 나라로 갈테야."

　해가 바뀌어 제비들이 돌아왔고, 봄과 여름이 흘러갔다. 제비들은 다시 지붕 위에 앉았다. 그리고 양계장의 닭들은 남쪽 나라로 가겠다던 암탉의 출발에 대해 이야길 했다. 어느 이른 아침, 이윽고 바람이 북쪽에서 불어오자 제비들은 하늘 높이 솟아올라 날개로 바람을 한껏 안았다. 신비한, 인간의 믿음보다도 더 오래되고 더 신비한 어떤 앎이 그들을 밀어냈고, 그

힘으로 제비들은 높이 높이 날아올라 도시의 어두운 먹구름을 뚫고 떠나갔다.

"아 저 바람, 얼마나 위대한가!"

암탉이 외쳤다. 암탉은 날개를 활짝 펼치고 그 위대한 바람을 안으며 양계장 밖으로 달려나갔다. 그리곤 길 밖으로 푸덕거리며 계속 달렸다. 그러다가 암탉은 어느 곳에서 주저앉았는데, 거기엔 정원이 있었다. 저녁이 되어서야 암탉은 헐떡거리며 돌아왔다. 돌아온 암탉은 남쪽 나라로 가는 지름길과 거대한 세상의 교통 등을 닭들에게 얘기했다. 암탉은 감자가 자라는 땅과 사람들이 사는 마을을 보았으며, 그리고 길 끝에서 정원을 발견했고 그곳에는 장미들, 아름다운 장미들과 그리고 정원사도 있었노라고 얘기를 했다.

"얼마나 재미있었을까!"

감탄한 나머지 닭들이 외쳤다.

"그리고 얼마나 멋진 묘사인가!"

다시 겨울이 가고 잔인한 날들이 지나서 그 해 봄이 왔다. 제비들이 다시 돌아왔다. 그러나 이제 닭들은 남쪽에 바다가 있다는 제비들의 말을 믿지 않았다. 닭들은 제비들에게 말하는 것이었다.

"당신들은 이제 우리 암탉을 믿으라구."

지식은 한 마리 암탉과 같은 것.

언 덕

 어느 마을에 교활한 사람이 있었는데, 그는 나쁜 말만 입에 올리곤했다. 어느 날 그는 산속에서 길을 잃고 갈 바를 모르게 되었다. 그는 바위투성이 산속을 한참 헤맨 끝에 어느 교차로로 나오게 되었다. 마침 길 한쪽에 기묘하게 생긴 언덕이 하나 있었다.
 그가 외쳤다.
 "어이, 이봐! 이쪽 길로 쭉 가면 어디가 나오지?"
 언덕이 대답했다.
 "나도 잘 모르겠네."
 "그래? 그럼 저쪽 길로 가면 어디가 나오는지 말해 주겠나?"
 언덕이 고개를 흔들었다.
 "그것도 잘 모르겠네."
 좀 어리둥절해진 그 사내가 버럭 소리를 질렀다. "이런 멍청이 같으니라구!"

언덕이 점잖게 말했다.
"천만에, 난 그래도 길을 잃지는 않네!"

 비어 있는 사람, 그는 과거를, 과거의 짐들을 내려 놓은 사람이다. 그는 실존한다. 그는 과거의 기억을 갖고 있지 않다.

정신분석법

 한 소년이 지나치게 많은 여자들과 놀아나고 있었다. 아버지는 아들을 정신분석법으로 치료해 보기로 결심했다. 그래서 여러 방법들이 계획되었다. 그 대가는 무척 비쌌지만, 아들이 완쾌만 된다면 해볼만하다고 그는 생각했다.

 이윽고 아들이 병원에서 돌아오자 아버지가 물었다.

 "네가 열 살 적에 우리가 너와 그 계집애를 붙잡아 왔던 일을 의사에게 말했느냐?"

 아들은 고개를 끄덕였다.

 "너 때문에 지난 십 년 동안 가정부를 둘 수 없었다는 것을 의사에게 말했느냐? 열세 명의 가정부가 우리 집에서 달아났었지!"

 아들은 다시 고개를 끄덕였다.

 "다섯 명의 모델과 얼세 명의 여대생 사건도 모두 말했느냐? 그리고 교장의 부인과 함께 지냈던 일도 얘기했느냐?"

 다시 아들은 고개를 끄덕였다.

"그럼 내게 말해다오. 의사가 뭐라 했지?"
"의사는 제가 동성애적인 성벽을 갖고 있다더군요. 제가 동성애적인 성벽을 갖고 있대요!"

진리는 분리될 수 없다. 진리의 일부분만을 안다는 것은 불가능하다. 진리는 단편적일 수 없으며 단편적으로 알 수 없다. 진리는 전체적이다. 완전하다. 그대는 진리를 가지고 있거나 아니면 가지고 있지 않거나이다. 약간의 신을 갖는다는 것은 가능하지 않다. 불가능하다. 그러나 그대가 만약 전문가에게 가서 묻는다면 그는 자기가 안다는 것을 증명할 무언가를 말해야만 한다. 그것이 아무리 부조리한 것이라 해도.

두 가지

 물라 나스루딘이 학교를 하나 열었다. 그리고 나를 초청했다. 그는 많은 학생들을 모아 놓았다. 나는 그 학교를 이곳 저곳 둘러보고 나서 이렇게 물었다.

"나스루딘, 자네 이 학생들에게 무엇을 가르치려는가?"

그가 말했다.

"아주 기본적인 것 두 가지만 가르치려고 하네. 신을 두려워하는 것과 목 뒤를 닦는 것. 이 두 가지만 가르칠 것이네. 만일 학생들이 그렇게 할 수 만 있다면 보이지 않는 세계의 일들을 잘 해낼 수 있을 것이네."

 그대가 알고 있는 보이지 않는 세계란 목 뒤와 같다. 그것 또한 이 세상의 일부이다. 그대가 믿고 있는 신 또한 이 세상의 일부이다. 절이나 교회가 시장터의 일부가 된 이유도 바로 그 때문이다. 경전이 상품처럼 된 것 또한 그 때문이다.

모기

　어느 세일즈맨이 남쪽 지방으로 출장을 갔다가 호텔에 투숙했다. 방으로 들어가 보니까 왕모기들이 그득했다. 그런데도 데스크 담당자는 모기장이 전혀 준비되어 있지 않다는 거였다.
　데스크 담당자가 말했다.
　"손님께서는 이 호텔의 주인인 립 대령이 하는 방법을 따르는 수밖에 없습니다."
　세일즈맨이 빈정거리는 투로 말했다.
　"그래, 립 대령이라는 사람은 모기장도 없이 어떻게 잔다는 거요?"
　데스크 담당자가 말했다.
　"대령은 대단한 애주가랍니다. 대령은 술을 잔뜩 마시고 잠자리에 들지요. 그러면 하룻밤 중 전반부는 술에 취해 모기가 물어뜯어도 전혀 의식을 하지 못하죠. 그리고 나머지 후반부는 모기들이 술에 취해 대령을 의식하지 못한답니다."

 그대도 이러한 길을 택할 수 있다. 그대는 약을 먹어가며 언제까지나 잠을 잘 수 있다. 계속 잠을 자고 싶다면 약이나 술, 또는 스스로 행복한 기분이 들도록 도와주는 화학약품 등이 유용할 것이다. 그러나 그렇게 할 때 그대는 엄청난 기회를 상실할 것이다. 행복은 결코 그런 것들을 통해 얻어질 수 없다. 그대, 진실로 행복해지고 싶다면 진짜 약을 먹어라. 사마디, 깨달음이란 이름의 약을.

물 위를 걷는 자

언젠가 한 요기가 라마크리슈나를 찾아왔다. 그 사람은 대단한 능력을 가진 요기였다. 그 요기가 라마크리슈나에게 자신감 넘치는 어조로 말했다.

"라마크리슈나 당신 물 위로 걸을 수 있소이까? 나는 할 수 있소이다."

라마크리슈타는 한바탕 크게 웃더니 말하기를,

"아함, 그러시오? 그래 물 위로 걷는 법을 배우기 위해 얼마나 애를 쓰셨을까. 얼마나 많은 에너지와 시간을 들였소 그래?"

요기가 선뜻 말하기를,

"꼭 팔년이 걸렸소."

라마크리슈타가 말했다.

"거참, 바보짓을 하셨군 그래. 뱃사공에게 동전 두 개만 주면 언제든지 날 강 건너로 데려다 준다네. 동전 두 개면. 그런데 팔 년 동안이나 그짓만 했다니!"

 알맹이는 과연 무엇인가? 그대가 물 위를 걸을 수 있다면 그 알맹이는 대체 무엇인가? 그게 그대를 어떻게 도울 수 있는가? 물 위를 걸어다니면 그대가 행복해지는가? 허공을 걸어다니면 그대가 행복해지는가? 누가 그대의 행복을 가로막는가?

남편의 죽음

한 사내가 죽음을 맞고 있는데 아내가 위로하고 있었다.
"여보, 걱정하지 말아요. 머지않아 당신과 다시 만나게 될 거예요."
사내가 말했다.
"여보, 부정한 짓은 하지 않겠지."
그는 두려웠음에 분명하다. 왜 마지막 순간에 이런 말을 해야 하는가? 이 두려움은 그에게 언제나 있었던 것이 분명하다.
하여간 아내는 굳게 약속했다.
"난 절대로 부정을 저지르지 않을 거예요."
사내가 말했다.
"만일 당신이 단 한 번이라도 부정을 저지른다면 난 무덤 속에서 돌아누울 거요. 내게 그것처럼 고통스런 일은 없을 거요."
그로부터 10년 후, 그의 아내도 죽었다. 저승 앞에서 수문장이 그녀에게 물었다.

"그대는 누구를 제일 먼저 만나고 싶은가?"

그녀가 말했다.

"물론 제 남편입니다."

"남편의 이름이 뭔가?"

"아브라함."

"그를 찾는 건 무척 어려운 일이다. 아브라함이 수백 명도 넘기 때문이다. 그러니 남편의 특징을 말해 보라. 무슨 단서라도 달라."

아내는 골똘히 생각하다가 이렇게 말했다.

"그이는 마지막 숨을 거두면서 말하기를, 만일 제가 부정한 짓을 범하면 무덤 속에서 돌아눕겠다고 했어요."

수문장이 고개를 끄덕이며 말했다.

"아하, 알았다. 그대는 비비 꼬여 있는 아브람함을 말하는 것이 분명하구나. 저 무덤 속에서 몸을 비비 꼬고 있는 사람. 지난 십년 동안 그는 잠시도 쉴 틈이 없었지. 모두들 그를 잘 알고 있어. 아무 문제도 없다. 즉시 그를 불러오지."

  이런 관계에서는 어떠한 믿음도, 어떠한 신뢰도, 어떠한 사랑도, 어떠한 행복도 일어나지 않는다. 그대의 남편에게 아내에게 죽음이 왔을 때, 그대는 과연 무슨 생각을 할까?

줄

옛 인도의 아크발 황제 때에 베발이라는 대단한 현자가 있었다. 어느 날 황제가 어전으로 나오더니 벽에다 줄을 하나 쓱 긋는 것이었다. 그리고는 신하들에게 말하기를,

"잘 들어라. 지금부터 그대들은 내가 이 벽에 그어 논 줄을 짧게 만들 수 있는 방법을 찾으라. 단 이 줄에 절대 손을 대서는 안 된다. 일절 손대지 않고 이 줄을 짧게 만들어야 한다."

아, 어쩔 것이냐? 불가능해 보였다. 손도 안 대고 어떻게 더 짧게 만드는가? 손만 댈 수 있다면 물론 누구든 할 수 있는 일이었다. 어찌할 것이냐?

그 때 베발이 돌연히 나섰다. 베발은 벽 쪽으로 성큼 다가가더니 그 줄 바로 밑에 다른 줄을 하나 그었다. 더 길게.

무엇이 작고 짧은가? 그 자체로는 작고 큼, 길고 짧음이 없다. 모든게 상대적일 뿐이다.

눈물의 의미

 어느 날 아침 한 식료품 상인이 마차로 식품을 배달하고 있었다. 그러다가 그만 불행히도 한 노파를 치고 말았다. 노파는 그 상인을 고소하여 꽤 많은 액수의 손해 배상을 받아내었다. 그로부터 몇 주일 후, 상인은 마차를 몰고 가다가 또 한 노인을 치고 말았다. 그 노인도 고소를 하여 많은 액수의 손해 배상을 받아내었다. 식료품 상인은 일이 이렇게 되자 거의 파산할 지경에 이르렀다.

 그런 어느 일요일에 상인이 방 안에 앉아 있는데 아들이 우당탕탕 문을 열고 뛰어 들어왔다.

 "아빠, 아빠, 큰일 났어요. 엄마가 큰 버스에 치었어요."

 순간 상인의 눈에는 눈물이 고였고, 가슴에서 우러나오는 떨리는 목소리로 말하기를,

 "오 주여, 감사하나이다. 이제야 제게도 행운을 주시는군요."

　탐욕, 야심, 시기심, 이런 것들이 바로 그대를 돌처럼 딱딱하게 만들어 버린다. 그리하여 돌처럼 딱딱하게 굳어진 그대는 다른 사람들에게 상처를 입히게 될 것이다. 그리고 결국 그대 자신도 상처받게 될 것이다. 그 돌은 그대의 가슴을 치고 때릴 것이다. 그대는 다른 사람들을 치고 때리고 파괴하면서 즐거워할 것이다. 돌같은 가슴에서 무슨 꽃이 필까?

빈 손

한 청년이 돈을 벌기 위해 세상을 떠돌아 다니고 있었다. 그러다가 지친 그는 어느 성 근처에 있는 나무 밑에서 잠시 쉬기로 했다. 그 때 마침 그 성의 주인이 그곳을 지나가다가 청년을 보고는 왜 여기에 있는지, 무엇을 찾고 있는지 물어 보았다. 청년이 대답했다.

"전 건축가입니다. 일자리를 구하는 중입니다."

그 성주는 마침 건축가가 필요했던 터라 무척 반가웠다. 그래서 청년에게 이렇게 말했다.

"나와 함께 지내지 않겠나? 내 밑에서 건축가로 일해 주게. 그러면 자네가 필요로 하는 것은 뭐든지 다 들어 주겠네. 자넨 큰 부자처럼 살 수 있을 걸세. 그러나 한 가지 명심할 것이 있네. 나중에 자네가 이곳을 떠나게 되면 이곳에 올 때처럼 빈손으로 가야만 한다는 것일세."

청년은 그 말에 찬성했다. 몇 주일이 지나고 몇 달이 지나는 동안 그는 아주 열심히 충실하게 일을 했다. 성주도 그가 하는 일이 무척 마음에 들었다. 그래서 청년이 원하는 것이면 무엇이든 다 들어 주었다. 청년은 정말 부자처럼 살았다.

그러나 청년은 차츰차츰 불안해지기 시작했다. 처음에는 그렇게 불안해지는 까닭을 알 수가 없었다. 사실 불안해 할 아무런 이유가 없었다. 자기가 원하던 것이 모두 실현되지 않았던가. 그런데도 그는 어떤 먹구름 같은 것이 자신을 둘러싸고 있는 듯한 느낌을 버릴 수가 없었다. 뭔가 빠진 듯한 느낌이었다. 그러나 그것이 무엇인지 알 수 없었기에 그는 심한 혼란에 빠졌다.

그런 어느 날 문득 그 까닭을 이해하게 된 청년은 성주에게 가서 성을 떠나겠다고 말했다.

"왜 떠나려고 하는가? 어려운 게 있다면 나한테 말해보게. 내 다 들어 주겠네. 난 자네가 하는 일에 무척 만족하고 있네. 난 자네가 평생을 여기서 지내기를 바라고 있다네."

청년이 말했다.

"아닙니다. 떠나겠습니다. 제가 떠나도록 허락해 주시기 바랍니다."

성주가 물었다.

"그런데 그 이유가 뭔가?"

청년이 말했다.

"여기선 아무 것도 제것이 없기 때문입니다. 빈 손으로 와서 다시 빈 손으로 떠나야 하기 때문입니다. 모두가 한낱 꿈이기 때문입니다."

그대가 종교적이 되는 계기가 바로 이것이다. 아직도 이 세상에 자기의 것이 있다고 생각한다면 그대는 아직 준비가 덜 되어 있는 것이다. 그대는 빈 손으로 왔다가 빈 손으로 돌아간다. 안 그런가?

세 수도사

　세 수도사가 얘기를 나누고 있었다. 한 사람은 트래피스트회 수도사였는데, 그가 말하기를,
　"금욕에 관한 한 아무도 우리를 따라오지 못할 것입니다."
　트래피스트회 수도사들이라면 실제로 대단한 금욕 생활을 한다. 기독교 수도사들 중에서 아마 가장 지독한 신경증 환자들일 게다.
　또 한 사람은 가톨릭 수도사였는데, 그가 말하기를,
　"그건 그렇소. 하지만 성경 공부에 관한 한 아무도 우리를 따라오지 못할 것입니다."
　두 수도사는 나머지 한 수도사를 응시했는데, 그는 침례교 수도사였다. 그들의 눈은 침례교 수도사도 자기 장점을 밝히기를 기다리고 있었다. 이윽고 그 수도사가 입을 열었다.
　"그렇소. 우린 금욕 생활에 관한 한 사실 보잘것없습니다. 또 성경 공부에 관한 한에도 별로 말할 게 없지요. 하지만 겸손에 관한 한에는 우릴 따를 사람이 없습니다."

 그대의 자아는 바로 이렇게 장난을 친다. 자아를 버릴 순 없다. 자아란 사실 있지도 않기 때문이다. 있지도 않은 것을 어떻게 버린단 말인가? 있는 것이라면 물론 버릴 수 있다. 그대는 자아와 싸울 수 없다. 있지도 않은 것과 대체 어떻게 싸울 수 있단 말인가? 그대는 자아를 죽일 수 없다. 없는 것을 어떻게 죽일 수 있단 말인가?
 그렇다면 자아를 어쩌면 좋을까? 그렇다. 이해하면 된다.

예수와 도둑

    예수가 십자가에 못박히던 날. 예수의 양쪽에 두 도둑이 못박혀 있었다. 두 도둑은 고통에 못 이겨 울부짖었지만, 예수는 침묵을 지키고 있었다. 사람들은 예수를 향해 돌을 던지며 온갖 욕설을 퍼붓고 있었다. 그러나 예수는 아무 일도 없는 듯 침묵을 지켰다.

    한 도둑이 고통 속에서도 예수에게 묘한 흥미를 느꼈다. 참으로 진귀한 일이 아닐 수 없었다. 사람들이 도둑인 자신에게는 전혀 관심이 없는 것이었다. 도둑인 자신은 모욕도 당하지 않고 있었다. 사람들은 오직 예수에게만 욕설과 비난을 퍼붓고 있었다. 그 때 도둑은 예수가 기도하는 소리를 들었다.

    "주여, 저들을 용서하소서. 저들은 저희가 하고 있는 일을 알지 못하나이다."

    도둑은 예수의 기도 소리를 듣고 자신의 귀를 의심치 않을 수 없었다. 그래서 도둑은 예수에게 말했다.

    "당신은 정말 하나님의 아들인 것 같군요. 가시기 전에 저에게도 은총을 내려 주십시오."

예수가 말했다.

"근심하지 말라. 그대는 오늘 나와 함께 하나님 나라로 갈 것이다."

그 순간 도둑은 '알았다'. 그는 조용히 죽음을 맞이했다. 그는 예수와 함께 행복하게 죽었고, 예수의 일부가 되었다. 그러나 다른 도둑은 고통으로 울부짖으며 죽어갔다.

장미꽃은 가시와 더불어 있다. 한 송이 장미꽃을 발견할 때 수많은 가시도 함께 발견하게 될 것이다. 그대가 가시를 피하려고만 한다면 결코 장미꽃을 얻지 못할 것이다. 그럴 때 그대는 불행할 수밖에 없고, 그 불행은 또 공허하기만 할 것이다. 고통스럽기만 한 불행! 공허하고 고통스럽기만 한 불행!

안 경

 어떤 사람이 차를 몰고 빠른 속도로 달리고 있었다. 길가에 웬 히피 청년 하나가 서 있다가, 그의 차를 세우고 좀 태워달라고 하였다. 그는 흔쾌히 히피 청년을 태워주었다. 히피를 태운 자동차는 다시 미친 듯이 달리기 시작했다.

 비가 내리기 시작했다. 비가 내리자 자동차는 더 미친 듯이 달리기 시작했다. 그런데 차창의 와이퍼가 작동하질 않았다. 비가 퍼붓고 있는데 와이퍼가 움직이질 않는 거였다. 히피는 차창 밖을 전혀 볼 수가 없었다. 그가 외쳤다.

 "와이퍼가 작동하질 않는데 이렇게 빨리 달리세요. 아무 것도 안보이잖아요. 제 눈은 정상인데도요. 아저씬 노인이신데 이거 어떻게 운전하시는지 모르겠군요."

 아저씨가 껄껄 웃더니 말하기를,

 "자넨 염려하지 말게. 와이퍼가 삭동하든 않든 상관없으니까 말이야. 사실 난 안경을 집에 두고 나왔거든."

 그대가 아예 보지 못할 때는 아무 문제도 없다고 생각한다. 안개, 혼미. 죽음이, 불안이 있는데, 그대의 아내 혹은 남편이 내일 훌쩍 떠날지도 모르는데, 그대는 보지 못한다. 안개, 혼미. 그대는 그저 잠들어 있다.

하늘나라

랍비 그린버그가 죽어서 하늘나라로 올라갔다. 하늘나라에 가보니 세 사람이 희미한 불빛 아래서 제각기 뭔가를 들여다보고 있었다. 한 사람은 '플레이보이'를, 또 한 사람은 '화첩'을, 나버지 한 사람은 '창세기'를 보고 있는 거였다.

그래서 랍비 그린버그는 지옥은 어떤지 가보기로 했다. 악마의 나라엘 가보니 그건 바로 넓직한 나이트클럽이었는데, 갖가지 음악이 울려퍼지고 있었다. 그 나이트클럽에는 8인조 재즈밴드가 있었고, 30명이나 되는 스윙밴드가 있었으며, 모든 사람이 열광하며 몸을 흔들어대고 있었다.

다시 하늘나로 돌아온 랍비 그린버그는 주님과의 면담을 청하지 않을 수 없었다.

"주여, 도무지 이해할 수가 없습니다. 여기 하늘나라에는 세 사람밖에 없는데 그들은 모두 뭔가를 읽고 있습니다. 그러나 지옥엘 내려가 보니 거기선 모든 사람이 춤을 추면서 즐거운 시간을 보내고 있더군요. 왜 하늘나라에는 즐거운 시간을 마련해 주시지 않으십니까?"

주께서 말씀하시기를,

"저 세 사람 때문에 밴드를 동원할 수가 없다네."

그대가 소위 성자라 부르는 그런 사람들이 정말 하늘나라로 가는 것이라면, 하늘나라는 참 재미없고 따분한 곳일 것이다. 그게 무슨 하늘나라겠느냐. 그대의 마하트마(mahatma), 위대한 영혼이 하늘나라로 들어가느니 차라리 지옥을 선택하는 게 낫다. 노래하며 사는 곳. '플레이보이'를 보고 싶다면 여기서 볼 수 있다. 하늘나라까지 가서 그걸 뭐하러 보는가?

위조 지폐

한 멋쟁이 신사가 불쌍한 거지에게 5달러 자리 지폐를 주며 말했다.

"자 이걸 받아. 이 돈이면 배를 채우고 술도 한두 잔 할 수 있을 거야."

그 거지는 곧바로 레스토랑으로 달려갔다. 거기서 그는 자기 생애 가장 훌륭한 식사를 하고 포도주도 한 병 마신 뒤, 웨이터에게 팁까지 주었다.

그러자 멋쟁이 신사가 말했다.

"오, 정말 행복한 세상이야! 모두들 행복해. 불쌍한 거지는 배불리 먹었고 레스토랑 주인은 매상을 올렸고 웨이터는 팁을 받았으니까. 그리고 나는…… 나도 행복하지. 그 지폐는 위조 지폐였으니까."

 그대, 너무 사실에 집착하지 말라. 사실은 존재하지 않는다. 모두가 허구일 뿐이다. 모든 것이 허구이다. 여기에 있는 나와 그대마저도 엄청난 허구이다. 오직 진리만이 존재한다. 생겨난 것은 모두 허구이다. 그대, 몇 장의 위조 지폐를 만들어 모든 사람을 행복하게 만들라. 세상이 참으로 아름답지 않느냐.

고집스런 말

 어느 위대한 소설가가 애석하게도 미쳐버리고 말았다. 그러나 그가 회복될 가능성은 어느 정도 있는 것 같았다. 그는 병원의 자기 방에서 3개월 동안이나 타자기 앞에 앉아 소설을 쓰고 또 썼다. 마침내 소설이 완성되자 소설가는 환호를 터뜨리며 원고를 들고 원장에게 가지고 갔다.
 원장이 그 원고를 받아들고 읽기 시작했다.
 "장군은 말 위에 올라타 소리를 힘차게 질렀다. '이랴, 이랴-'"
 원장은 재빨리 나머지 페이지를 죽 훑어 보았다.
 "대체 어떻게 된 겁니까? 5백 페이지 모두 '이랴-'이라는 말밖에 없잖아요?"
 "맞아요. 그 말은 아주 고집스런 놈이었으니까요."

'이럇, 이럇, 이럇 -.' 내가 달리 무얼 할 수 있겠는가? 고집스런 말. 내 그대에게 무슨 말을 달리 할 수 있으리?

 이건 대단히 따분한 일이다. 똑같은 말을 계속 반복한다는 게 얼마나 따분한 일이겠는가. 그러나 나는 계속 반복할 것이다. 그대를 사랑하므로. 만약 그렇지 않다면 나는 '이럇, 이럇, 이럇?'이 아니라, '이하동문' 하고 가버리면 그만이지 않겠는가.

버나드 쇼

한 프랑스 여배우가 버나드 쇼에게 구혼을 하였다. 버나드 쇼가 그 이유를 물었다.

그녀가 말했다.

"그야 간단하죠. 나는 매우 아름다운 육체를 갖고 있습니다. 나의 얼굴, 눈, 몸매는 완벽합니다. 그리고 당신은 세상에 둘도 없는 지성과 지혜를 갖고 있습니다. 우리가 아이를 낳는다면 당신의 두뇌와 나의 육체를 합한 완벽한 아이가 태어날 거예요."

버나드 쇼가 대답했다.

"나는 결과가 반대로 될 것 같습니다. 우리가 아이를 낳으면 나의 육체와 당신의 두뇌를 닮은 아이가 태어나지 않을까요?"

　요즈음 무슨 일이 일어나고 있는가? 동양과 서양이 만나고 있다. 그런데 동양의 종교와 서양의 과학의 만남이 아니라, 동양의 과학과 서양의 종교가 만나고 있다. 이건 만남이 아니라 타협이며 잡탕이다. 꼴사나운 현상이다.

결혼식

어느 목사가 앞에 서 있는 신랑 신부에게 축하의 시선을 보내며 결혼식에 참석한 많은 하객들에게 말했다.

"만일 여기 이 두 사람이 결혼을 해서는 안 될 이유를 알고 있는 사람이 있다면 지금 말해 보십시오. 지금 말하지 않을 바에는 앞으로 영원히 이 두 사람의 결혼에 대해 이러쿵저러쿵 말하지 마십시오."

"제가 말씀 드릴 것이 있습니다."

바로 앞에서 우렁찬 목소리가 들려왔다. 목사가 잘라 말했다.

"자넨 안 돼. 자넨 신랑이잖아?"

결혼 생활은 바로 이렇게 시작된다. 그들은 아직 결혼식을

끝마치지도 않았다. 처음부터 가식으로 가득 차 있다. 하객들은 모두 입을 다물고 있다. 그들은 아무 말도 하지 않는다. 그들은 진실을 말하지 않는다. 그들은 웃고 싶지 않은데도 웃고 키스하고 싶지 않은데도 키스한다. 그리하여 한 걸음 한 걸음씩 익숙해져서,

"오! 우리는 정말 행복해. 물론 아내가 가끔씩 내게 접시를 집어던지기도 하지만 우리의 행복은 조금도 변함이 없어. 왜냐하면 아내가 나를 때리면 그녀가 행복하고, 나를 그리워하면 내가 행복하거든."

하고 말하는 물라 나스루딘처럼 된다.

가짜와 진짜

한 젊은이가 할머니를 모시고 걸작 미술 전시회를 구경갔다. 거기서 생전 처음으로 빈센트 반 고호의 진짜 그림을 본 할머니는 그림을 보는 순간 웃음을 떠뜨렸다.
젊은이가 물었다.
"왜 웃으세요, 할머니? 그림이 마음에 드세요?"
"웃기지 않니? 이 복사판 그림 좀 봐라. 내가 이십 년 동안이나 갖고 있어 온 달력 그림을 똑같이 베꼈지 뭐니?"
사실은 그 달력이 이 그림을 베낀 것이고 이것이 진짜 그림인데 할머니는 웃으면서 이렇게 말하는 것이었다.
"이 그림의 진짜는 내 방에 이십 년 동안이나 걸려 있었단다."

가짜에 감염될 때 그대, 진짜를 놓치고 만다. 그대의 눈이 가짜로 가득차 있으면 진짜와 만났을 때 그 진짜를 알아보지 못하지 않겠는가.

기부금

수상과 목사와 랍비가 모여 앉아서, 기부금의 얼마큼을 상납할 것인가를 결정하는 의논을 하고 있었다.

수상이 말했다.

"땅에 선을 그어서 돈을 모두 공중에 던집니다. 선의 오른쪽에 떨어지는 것은 내가 갖고, 왼쪽에 떨어지는 것은 하나님의 것으로 합니다."

목사가 고개를 끄덕이며 말했다.

"내 방법은 그것과 본질적으로는 똑같지만 원을 그린다는 것이 다릅니다. 원 안에 떨어지는 것은 내 것이고 밖에 떨어지는 것은 하나님의 것이지요."

랍비가 미소를 지으며 말했다.

"나도 똑같습니다. 돈을 모두 공중에 던져서 하느님이 잡는 것은 모두 하나님 것입니다."

우리는 하나님마저도 속이고 있다. 사실 하나님이란 것 역

시 우리의 교활한 발명품이다. 하나님 역시 저 어딘가에 있어 우리는 그에게 기도하고 요구하고 안전과 위안과 평안을 구한다. 하나님은 일종의 안전장치, 그리고 저 세상에 예치해 둔 일종의 은행저축.

신혼여행

 어느 젊은 부부가 신혼여행을 떠났다. 사내는 무사였다. 그들 신혼부부는 작은 배를 타고 섬으로 가고 있었다. 그런데 갑자기 폭풍우가 일었다. 작은 배가 폭풍우를 만난다는 것은 매우 위험스런 일이었다. 그들은 거의 빠져 죽게 될 지경에 이르렀다.

 신부는 매우 걱정이 되어 두려움에 몸을 떨며 자기 신랑을 바라보았다. 그런데 신랑은 평온하게 앉아 있는 거였다. 마치 아무 일도 아니라는 듯. 그러나 배는 당장이라도 물 속으로 가라앉을 것만 같았다.

 신부가 말했다.

 "이보세요. 뭐하고 있어요? 왜 그렇게 돌부처처럼 가만히 앉아만 있어요?"

 무사 신랑이 돌연 칼집에서 칼을 빼들었다. 신부는 그를 이해할 수가 없었다. 도대체 저이가 무슨 짓을 하고 있는 걸까? 무사 신랑이 칼을 신부의 목에 가까이 갖다 대었다. 그러자 신부는 웃기 시작했다.

무사 신랑이 말했다.

"당신 왜 웃고 있소? 칼이 자기 목을 겨누고 있는데 말이오. 조금만 움직여도 다칠 텐데."

신부가 말했다.

"그렇지만 칼이 당신 손에 있지 않아요? 나를 사랑하는 당신 손에 칼이 있는데 무슨 문제가 있겠어요? 칼은 위험하지만 그 칼을 당신이 쥐고 있지 않아요?"

무사 신랑은 칼을 다시 집어넣고 이렇게 말했다.

"폭풍우는 신의 손에 있소. 폭풍우는 물론 위험하오. 그러나 그것은 내가 사랑하고 또 나를 사랑하는 신의 손에 있소. 그렇기 때문에 난 두려워하지 않는 것이오."

칼은 그대 스승의 손에 있다. 그가 그대를 죽이려 한다. 그를 믿는다면 오직 그 때만이 그대는 조용히 그리고 우아하게 죽을 수 있다. 그 우아함과 그 평화로움으로부터, 그리고 그 사랑으로부터 그대는 마침내 새 사람이 생겨날 수 있는 빈 자리를 마련할 수 있다. 그러므로 두려워 말라.

미친 사람

 한 위대한 정치 지도자가 정신병원의 수감자들에게 연설을 하고 있었다. 그가 오륙 분쯤 얘기를 해나가고 있을 때 갑자기 미친 사람 하나가 벌떡 일어났다.
 "집어쳐라, 이 바보야! 저 친구 미쳤군 그래! 자기가 무슨 말을 하고 있는지도 모르고 있어!"
 당연하게도 그 정치 지도자는 대노해서 원장에게 말했다.
 "저 녀석을 당장 내쫓으시오!"
 그러자 원장이 말했다.
 "저 사람은 칠 년만에 처음으로 바른 말을 했습니다. 의미심장한 말을. 그를 내쫓을 순 없습니다. 칠 년 동안이나 그는 어리석은 말만을 해왔습니다. 이제서야 처음으로 엉뚱한 말이 아닌 바른 말을 한 것입니다! 그를 내쫓을 수는 없습니다. 하지만 각하, 너무 신려 미십시오. 의사들 말이 그 사람은 칠 년에 단 한 번 바른 말을 할 수 있을 거라고 했으니까요. 그러니 너무 초조해하지 마십시오. 또다시 이런 일은 없을 것입니다.

앞으로 칠 년 안에는."

 반항적인 사람과 반동분자 간에는 엄청난 차이가 있다. 반동분자는 기회가 있기만 하면 언제라도 사회를 뒤집어 엎으려는 사람이다. 그는 사회가 올바르다 하더라도 사회를 뒤집어 엎으려 한다. 때로 사회는 올바르다. 사회가 무조건 그릇될 수는 없다. 미친 사람 조차도 때로는 올바르다. 미친 사람일지라도 때로는 바른 말을 한다. 이 미친 사회조차도 때로는 올바르다. 적어도 존재하는 어떤 것은 올바를 수 있다.

법

한 설교자가 젊은 깡패에게 설교를 하고 있었다.
'내 얘기를 들어보게. 두 형제가 살고 있었네. 형은 법을 아주 잘 지켜서 변호사가 되었고, 동생은 매우 반항적인 까닭에 범죄자가 되었네. 범죄자가 된 동생은 지금껏 감옥에서 지내고 있지. 여기에 대해 자넨 어떻게 생각하나?"
젊은 깡패가 대답했다.
"제가 말할 수 있는 건 딱 한 가지, 한 명은 붙잡혔고 다른 한 명은 아직 붙잡히지 않았다는 겁니다."

이들 둘은 모두 법의 부산물이나. 안 그런가? 나는 인간이 매우 다양하다는 것을 알므로 법을 반대할 생각은 없다. 법은 필요하다.

그러나 법이 곧 삶은 아니다. 법은 준수되어야 하고 활용되어야 한다. 그러나 우리는 동시에 법 너머의 무엇을 의식해야 한다. 수단은 어디까지나 수단이어야 한다. 만약 '삶은 하나의 과학일 뿐'이라고 말한다면 삶은 타락하고 말 것이다. 그럴 때 사랑은? 한갓 화학적 현상 –호르몬 작용– 으로 전락하고 말 것이다.

완벽한 사람

　한 사나이가 기차로 세계 여행을 했다. 그는 완벽한 여성을 찾기 위해 세계를 여행한 것이다. 그는 결혼을 하고 싶었지만 완벽하지 못한 여자와의 결혼은 도저히 견딜 수 없다고 생각했다. 그는 완벽한 여자만을 원했다. 그러나 온 세상을 찾아 헤맸음에도 불구하고 그는 완벽한 여자를 구할 수가 없었다. 결국 그는 완벽한 여자를 찾는 데 일생을 허비하고 마침내 빈손으로 집에 돌아왔다.

　그러나 친구가 찾아와 말했다.

　"자네 결국 완벽한 여자를 찾는 데 평생을 허비했군. 이제 자네 나이도 70이지? 그런데 완벽한 여자가 단 한 명도 없던가?"

　"꼭 한 명 있었다네. 우연히 정말 완벽한 여자를 하나 만났었지."

　친구가 깜짝 놀라 물었다.

　"그래? 그래서 어찌 됐나?"

그러나 그는 침울한 표정으로 말했다.

"어떻게 됐냐구? 그녀는 완벽한 남성을 찾고 있더군. 그래서 결국 아무 일도 일어나지 않았어."

우리에게는 완벽한 사람이 필요치 않다. 우리에게는 아름다운 사람이 필요하다. 꽃을 피우고, 흐르며, 살아 숨쉬는 사람들이 필요하다. 우리에게는 때로 슬픔에 젖고, 화도 내며, 싸우기도 하고, 화해하기도 하는 사람들이 필요하다. 마치 기후처럼 변하는. 비가 올 때도 있고 구름이 낄 때도 있고, 햇빛이 쨍쨍할 때도 있는 것. 우리에게는 모든 계절이 필요하다. 진실한 사람은 모든 기후를 갖는다. 추위, 더위, 봄, 가을, 모든 것을 갖는다. 그런 사람은 아름다운 사람이다.

거짓말

 어느 왕이 온 나라를 정말 도덕적으로 만들기 위해 현명한 생각을 하나 했다. 누구도 거짓말을 해서는 안 된다는 것이었다. 거짓은 반드시 처벌되어야만 한다는 것이었다. 현명한 신하들은 모두 이에 찬성했다. 그들은 왕보다도 더 열렬히 주장했다. 현명한 신하 하나가 나서서 변죽을 울렸다. 거짓은 마땅히 처벌되어야만 한다고. 그러나 다른 현명한 신하 하나가 다시 나서서 주장했다. 누구라도 거짓말 하는 것이 발견되면 즉각 죽음을 선고해야 한다고. 거짓말을 한 사람은 저자거리로 끌어내 교수형에 처함으로써 온 국민이 거짓말을 한 대가가 무엇인지를 똑똑히 보게 해야 한다고 그들은 말했다.

 그 때 한 바보가 듣고 있다가 말했다.

 "좋습니다. 그런데 난 내일 아침이면 성문 앞에서 당신들을 모두 보게 될 것같군요."

 현명한 신하들이 말했다.

 "그게 무슨 소리요?"

바보가 말했다.

"성문 앞에서 당신들을 보게 될 거라구요."

이어서 바보는 왕에게 말했다.

"폐하, 교수대를 준비토록 하시지요. 제가 거짓말을 하고 있지 않습니까."

왕이 다그쳤다.

"그대는 미쳤는가?"

바보가 말했다.

"전 늘 미쳐 있습니다. 하지만 내일 아침 전 분명 여러분들을 성문앞에서 보게 될 것입니다. 교수대를 준비토록 하시지요. 전 제일 먼저 처형될 것입니다."

이는 분명 도전이었다. 이윽고 교수대가 설치되었고, 날이 밝자 성문이 열렸다. 바보가 나귀를 타고 어슬렁 어슬렁 성문 앞에 나타났다.

왕이 물었다.

"그대는 어디로 가는가? 그대는 바본가?"

왕은 무척 화가 나 있었다. 성문 앞으로 가기 위해 아침 일찍 일어나야 했기 때문이었다.

바보가 말했다.

"전 지금 교수대로 가고 있습니다."

바보는 미묘한 문제를 일으키고 있는 것이었다. 왜냐, 만일 그를 교수형에 처하게 된다면 그가 진실을 말한 셈이 되고, 또 그를 교수형에 처하지 않는다면 그가 거짓말을 한 셈이 될 것이었다.

　바보가 말했다.

"전 교수대로 갑니다. 준비하시지요. 전 교수대에서 죽으러 갑니다."

　왕과 현명한 신하들은 모두 어리둥절했다. 그를 어떻게 할 것인가? 그는 상황을 말하고 있었다. 만약에 그를 죽인다면 상황은 진실이 된다. 그러나 그를 죽이지 않는다면?

　바보가 웃으며 말했다.

"당신들 모두 바보들이오. 누가 거짓을 금할 수 있으며, 누가 비도덕적인 것을 막을 수 있겠소? 모든 것은 조화를 이루어야 하오. 안 그렇소?"

　소위 현명한 자는 자칫 극단으로 치우치기 쉽다. 옛부터 위대한 왕들이 바보스런 신하를 거느렸다는 것을 그대는 아는가? 그 신하들이 그러나 보통 바보는 아니라는 것도 아는가? 신하들은 대개 그 나라에서 가장 현명한 자들이었다. 그러나 위대한 왕은 그 현명한 신하들과 함께 바보스런 신하도 거느렸다. 왜 그런가? 조화를 이루기 위해서다. 현명한 신하들은 너무나 진지하고 지루하기 짝이 없는 일들만 만들어 냈다. 그대, 때론 진지할 수 있다. 그러나 지나친 진지함은 사물을 보는 데 큰 장벽이 될 것이다. 바보스러움이 필요하다. 뭔가가 너무 진지해질 때 어떻게 해야 할지, 또는 어떻게 말해야 할지 인간적인 차원에서 되돌아 볼 줄 알아야 할 것이다.

나눔

 한 스승 밑에 두 제자가 있었다. 그런데 이 두 제자는 서로 자기가 수제자라고 주장하면서 싸웠다. 그러면서 서로 스승의 환심을 사려고 경쟁하였다.
 어느 여름날 오후, 스승이 피곤한 기색을 보이며 드러누웠다. 그러자 두 제자는 주물러 드리면 어떻겠느냐고 물었다. 스승이 대답했다.
 "그래, 한 놈은 내 왼쪽을, 한 놈은 오른쪽을 맡아서 주물러 봐라."
 그리고 스승은 곧 잠이 들었다. 그러자 제자들은 분필로 스승의 몸을 반으로 나누어 놓았다. 서로 책임맡은 영역을 침범하지 않기 위해서. 스승은 자기 몸이 이렇게 둘로 나뉜 것도 모른 채 잠에 빠져 있었다. 잠자던 스승이 오른쪽 발을 들어 왼쪽에다 올려 놓았다. 그러자 왼쪽을 맡은 제자가 말했다.
 "오른쪽 발은 자네 것이니 치우게. 어서. 자네가 맡은 발 때문에 내일을 못 하지 않나."

오른쪽 발을 맡은 제자가 말했다.

"치울 수 없네. 발을 올려 놓은 건 내가 아니잖나. 용기가 있다면 자네가 직접 해보시지? 무슨 일이 일어날런지 난 구경이나 하겠네."

두 제자는 서로 한 치의 양보 없이 옥신각신 하였다. 그러는 통에 스승이 깨어나 물었다.

"무슨 일인가?"

그들이 대답했다.

"스승님께서 상관하실 일이 아닙니다. 그냥 계속 주무십시오. 저희 끼리 결정할 문제니까요."

나눔은 그로 말미암아 얻어지는 유용성 때문에 그렇게 하는 것이다. 그대, 자신의 몸을 느껴보라. 눈을 감고 조용히 느껴보라. 생명은 전체적인 것이다. 거기에 무슨 경계선이 있는가?

나무들

어느 성자에게 누가 물었다.

"당신은 이렇게 훌륭한데 전 왜 그렇지 못합니까? 당신은 이렇게 청정한데 전 왜 그렇지 못합니까?"

성자가 말했다.

"나와 같이 뜰로 나가보자."

성자는 그를 데리고 밖으로 나갔다. 뜰에는 두 그루 나무가 있었다. 한 나무는 커서 나뭇잎들이 많이 달려 있었고, 다른 한 나무는 키가 작았다. 성자가 말했다.

"보라. 이 나무는 작고 저 나무는 크다. 그러나 두 나무 사이엔 아무런 문제도 없다. 큰 나무는 작은 나무에게, 봐라, 난 초연하다고 말한 적이 없고, 작은 나무는 큰 나무에게 난 키가 작아서 당신 옆에 서 있으면 열등감을 느낀다고 말한 적이 없다."

 작은 나무는 분명 작고, 큰 나무는 분명 크다. 그러나 작은 나무는 작은 나무의 아름다움이 있고, 큰 나무는 큰 나무의 아름다움이 있다. 큰 나무는 구름에 가깝고, 작은 나무는 땅에 가깝다. 큰 나무는 큼에 기뻐하고, 작은 나무는 작음에 기뻐한다. 만물은 오직 있으므로 좋다. 거기에 뭐가 잘못된게 있는가?

오 리

 두 사냥꾼이 갈대숲에 몸을 숨긴 채 오리떼가 나타나기를 기다리고 있었다. 그런데 갑자기 옆에서 바시락거리는 소리가 나더니 또 한 명의 사냥꾼이 갈대숲을 헤치고 나타났다. 그는 술에 잔뜩 취해 있었다.
 두 사냥꾼이 경고조로 말했다.
 "이봐요, 여긴 우리 지역이오. 하류 쪽으로 내려가시오."
 술취한 사냥꾼은 아무 말도 하지 않았다. 그는 술병을 마저 다 비우고 강을 따라 아래 쪽으로 어슬렁어슬렁 내려갔다. 잠시 후 오리 한 마리가 나타났다. 두 사냥꾼은 거의 동시에 두 발씩 총을 쏘았지만 빗나가고 말았다. 그들이 놓친 오리는 유유히 하류 쪽으로 내려가고 있었다. 그때 술취한 사냥꾼이 단 한발에 그 오리를 맞춰 떨어뜨렸다.
 두 사냥꾼은 강을 내려와 술취한 사냥꾼에게 축하를 해 주었다.
 "정말 멋졌소. 그런데 어쩌면 그리 솜씨가 좋소?"

술취한 사냥꾼이 말했다.
"껄껄, 하늘이 온통 오리떼로 덮여 있는데 어찌 그걸 못 맞추겠소?"

여기엔 무수한 오리들이 있다. 나는 계속 총을 쏘아대고 있다. 여기서 무슨 겨냥이 필요하겠는가. 내가 어찌 오리를 맞추지 못할까? 그건 불가능하다. 여기엔 수많은 오리들이 있다.

매춘부?

 세 아가씨가 판사 앞에서 선고를 받기 위해 굳은 자세로 서 있었다. 그리고 행상인이 하나 있었는데, 그는 허가 없이 물건을 팔았기 때문에 구속된 사람이었다.
 판사가 한 아가씨에게 물었다.
 "당신 직업이 무엇이오?"
 "판사님, 전 모델이예요."
 "삼십 일 구류에 처한다."
 판사가 두 번째 아가씨에게 물었다.
 "당신은 무얼 하시오?"
 "판사님, 전 배우예요."
 "삼십 일."
 판사가 세 번째 아가씨에게 물었다.
 "당신은?"
 "전 창녀예요."
 판사가 말했다.

"그래요? 진실을 알아봐야겠소. 선고를 연기한다."
판사가 이번엔 행상인을 돌아보며 물었다.
"당신은?"
행상인이 말했다.
"저도 매춘부예요."

 비교는 끊임없이 모방을 일으킨다. 그대는 다른 누구처럼 되기 시작한다. 그대는 남과 똑같은 옷을 입고, 남이 갖고 있는 차를 사들인다. 남이 꾸며놓은 것처럼 방을 장식한다. 사람들은 비교하기 때문에 모방을 한다. 그리고 그것은 자신의 유일함을 알지 못하기 때문이다. 모방은 모든 거짓의 바탕이다.

어떤 형벌

한 제자가 죽어서 천당과 지옥 사이에 있는 연옥(煉獄)으로 갔다. 거기엔 그의 스승이 있었는데, 금발의 관능적인 여자 하나를 부둥켜 안고 있는 것이었다.

"스승님, 전 운이 꽤 좋은가 봐요."

제자가 말을 잇기를,

"스승님께선 여기서 속죄하시는 동안 부당한 대가를 치루시는군요."

그러자 스승이 탄식하며 말했다.

"이 여자가 내 대가는 아니라네. 내가 이 여자에게 형벌인 셈이지."

그대가 일컫는 소위 성자라는 사람들은 이런 것, 형벌로 쓰

일 뿐이다.

그들은 지저분하고 파괴적이며 바보같은 사람들이다. 그들은 매저키스트이거나 새디스트들이다. 병적인 사람들이다. 그들의 머리 속은 어떻게하면 사람들에게 거룩한 모습을 보여줄 수 있을까로 꽉 차 있다. 만일 머리로 서는 사람이 성자라고 생각하게 된다면, 그들은 기꺼이 머리로 설 것이다. 그들은 대중의 생각을 따라 산다. 그들에게는 대중의 생각이 절대적이다.

탈 옥

어느 감옥에서 있었던 일이다.

한 사내가 감옥에 투옥되었다. 이튿날 사내는 이가 아프다고 해서 이를 뺐다. 며칠 후 그는 다시 맹장이 아프다고 해서 맹장을 제거했다. 그리고 다시 며칠 후 그는 편도선이 아프다고 해서 편도선을 제거했다. 그러던 어느 날 간수가 그에게 와서 말했다.

"자네가 무슨 짓을 하고 있는지 이제야 알겠어. 자넨 하나씩 하나씩 감옥을 빠져나가고 있어."

그러나 깨달음은 결코 그럴 수 없다. 깨달음은 결코 부분적일 수 없다. 깨달음은 결코 많고 적고일 수 없다. 깨달음은 얻든가 못 얻든가, 도달했든가 도달하지 못했든가이다. 어찌 부분적으로 얻고 부분적으로 도달할 수 있겠는가? 집에 돌아왔을 때, "나는 부분적으로 집에 돌아왔다. 한쪽 발만 집에 돌아왔고, 머리는 아직 돌아오지 않았다"라고 말할 수 있을까?

아이의 불신

 엄마가 딸에게 이야기를 해주고 있었다. 밤이 깊어가고 있었다. 밤은 깊어가는데 어린 딸이 보챘던 것이었다. 엄마는 딸을 잠재우려고 이야기를 해주었다.
 "옛날에 아주 아름답고 이쁜 공주가 살았어요. 그 공주는 무척 지혜롭고 또 사랑스러웠어요. 궁전에 있는 사람들이 모두 다 공주를 아끼고 사랑했어요. 공주는 매우 착했는데 특히 동물들과 잘 어울려 놀았어요. 그런데 어느 날 공주는 궁전 뜰에서 개구리 한 마리를 보았어요. 공주는 사람들이 그 개구리를 밟을까 걱정이 되어서 개구리를 자기 침대 속으로 가져왔어요. 그런데 이튿날 아침 공주는 깜짝 놀라고 말았어요. 그 개구리가 아름다운 왕자로 변해 있는 것이었어요. 그 아름다운 왕자가 공주에게 결혼하자고 했어요."
 여기까지 이야기를 하고서 엄마는 딸을 바라보았다. 그런데 딸은 매우 의심스러운 모양이었다. 얼굴 표정이나 태도가 그 이야기를 도저히 믿을 수 없다는 투였다. 딸은 마치 '아니예요. 난 그 얘기를 조금도 믿을 수가 없는 걸요'하고 말하는 것 같았다. 얼굴 전체가 불신과 의혹으로 가득차 있었다. 엄마가 말했다.

"애야, 왜 그런 얼굴을 하고 있니? 믿지 못하겠단 말이니?"

딸이 말했다.

"물론 안 믿죠. 그 공주의 엄마도 그 얘기를 안 믿었을 걸요."

오늘날의 세상은 이처럼 회의와 불신이 만연되어 있다. 어린 아이들까지도 의심하고 있다. 본래 어린 아이는 믿음 속에서 태어났다. 그러나 오늘날의 아이들은 의심과 불신 속에서 태어난다.

원숭이 인간

어느 노인이 회춘하고 싶어서 자기 생식 기관의 일부를 원숭이 것으로 대체했다. 그 후 노인은 결혼을 했고, 얼마 후 그의 아내는 임신을 했다. 아내가 아기를 낳기 위해 분만실에 들어가 있는 동안 그는 문밖에서 초조하게 기다렸다. 이윽고 의사가 문을 열고 나오자, 그는 황급히 의사에게 달려가 물었다.
"아들입니까, 딸입니까?"
의사가 말했다.
"너무 서두르지 마십시오. 지금 아기가 샹들리에 위에 올라가 있으니까 내려올 때까지 기다리십시오. 아기가 내려오거든 말씀드리겠습니다."

 나는 인간의 내면을 읽는 사람이 아니다. 나는 그대가 어떤 수술을 받았는지, 그대의 내부의 어떤 영혼이 있는지 알 수 없다. 그것은 시간이 해결해 줄 것이다. 그대의 내면에 무엇이 있는지는. 기다리라.

복 수

뮬라 나스루딘이 회사에서 집에 돌아와 보니까 예기치 않게 자기 아내가 이웃집 남자와 함께 침대에 누워 있는 것이었다.

그는 미칠듯이 분노하여 이웃집으로 달려가 이웃집 남자의 부인 앞에 우뚝 섰다.

"부인! 당신 남편이 내 아내와 침대에서 뒹굴고 있소."

그가 외치자 이웃집 부인이 말했다.

"조용히! 조용히 하세요! 너무 시끄럽게 하지 마세요. 우선 앉으시지요. 차 한 잔 하시고 긴장을 푸세요."

나스루딘은 분노를 가라앉히며 조용히 차를 마셨다. 이웃집 부인의 눈에서 섬광같은 것이 반짝하고 스치는 것을 본 것은 바로 그 때였다.

그녀가 약간 수줍어 하면서 말했다.

"복수를 하고 싶지 않으세요?"

그래서 둘은 침대로 가서 사랑을 했다. 그 다음에 그들은 차 한 잔을 더 마셨다. 그리고 또 복수를 하고 차를 한 잔 더 마시고 또 복수를 하고 차를 또 마시고……

 이웃집 부인이 나스루딘을 바라보며 물었다.

 "한 번 더 복수하는 것이 어때요?"

 나스루딘이 힘없이 말했다.

 "부인, 솔직히 말해서 이제 괴로운 감정이 다 없어져 버렸습니다."

 삶을 피하지 말라. 실상을 피하지 말라. 슬프면 슬퍼하라. 복수심이 일면 복수하라. 화가 나면 화를 내라. 삶을 그대로 살아라. 삶을 피하면 결코 성숙하지 못하리니.

잠자고 있다

어린 소년이 장난감 블럭을 가지고 놀고 있는데, 아버지가 방으로 들어왔다.

"쉿, 아빠. 조용히 하세요. 전 지금 교회를 짓고 있거든요."

소년의 아버지는 마침 아들의 종교 지식을 시험해 볼 좋은 기회라 생각했다.

"얘야, 교회 안에선 왜 조용히 해야 하지?"

"아빠도 참, 조용히 해야 하구 말구요. 사람들이 잠자고 있잖아요."

사람들은 잠자고 있다. 이 잠은 보통의 잠이 아니라 형이상학적인 잠이다. 분명 깨어 있다고 생각할 때에도 그대는 잠자고 있다. 눈꺼풀을 크게 열고, 거리를 활보하고, 사무실 혹은 공장에서 일을 할 때에도 그대는 잠자고 있다. 그대는 어디서나 잠자고 있다.

게

 세 명의 야심만만한 정치가들이 해변가를 걸으며 자신들의 정적과 싸울 전략을 세우고 있었다. 그 때 우연히 게를 잡고 있는 뮬라 나스루딘을 만났다. 뮬라는 게를 잡아서는 버드나무 가지로 엮은 바구니 속에 넣었다.

 한 정치가가 바구니 안을 들여다보고 나스루딘에게 경고하듯 말했다.

 "이봐요. 바구니 뚜껑을 닫는 것이 좋겠소. 그렇지 않으며 게들이 기어나와 도망가버릴 것이오."

 뮬라 나스루딘이 말했다.

 "걱정 없습니다. 이 게들은 정치가와 같아서 한 마리가 기어오르려 하면 다른 놈들이 모두 달려들어 끌어내리니까요."

 이 세상에는 이런 일들이 끊임없이 일어나고 있다. 그대는 뭇 사람들을 끌어내리고 뭇 사람들은 그대를 끌어내리고 있지 않은가. 그리하여 모두의 삶이 쓸데 없는 싸움에 낭비되고 있지 않은가. 오로지 그대 자신이어라. 그대는 유일하다. 그대는 특별난 게 아니라 유일하다. 특별하려고 애쓰지 말라. 그대의 유일함이야말로 신의 선물이다.

햄 샌드위치

영어를 못 하는 한 외교관이 미국 국회에 참석했다가 점심 시간을 알리는 종이 울리자 식당으로 가서 줄을 섰다. 그는 앞에 선 사람이 애플 파이와 커피를 주문하는 것을 듣고 자기도 애플 파이와 커피를 주문했다. 그 후 2주 내내 그는 애플 파이와 커피만을 주문했다. 그런 끝에 그는 마침내 다른 것을 주문하고 싶어 어떤 사람이 햄 샌드위치을 주문하는 것을 듣고 자기도 햄 샌드위치을 주문했다.

"햄 샌드위치."

그가 카운터 맨에게 주문했다.

"흰빵으로 할까요, 흑빵으로 할까요?"

카운터 맨이 물었다.

"햄 샌드위치."

외교관은 반복해서 말했다.

"흰빵입니까, 흑빵입니까?"

"햄 샌드위치."

결국 카운터 맨은 화가 나서 외교관의 코 앞에 주먹을 들이대며 소리쳤다.

"이보쇼. 흰빵을 먹겠소, 아니면 흑빵을 먹겠소?"

외교관이 재빨리 대답했다.

"그냥 애플 파이와 커피를 주시오."

새로운 것은 확실히 위험하다. 누가 이처럼 골치 아픈 일을 자청하겠는가? 그래서 사람들은 기존의 것에 집착한다. 그러나 기존의 것에만 집착하는 그대는 전혀 삶을 영위한다고 할 수가 없다.

삶은 신선해야 한다. 삶은 새로운 것을 받아들일 때 가능한 것.

착실한 배우

조그만 극단이 하나 있었다. 그들은 열심히 연습을 하고 있었다. 그러나 연습이 자꾸만 늦어지는 바람에 드라마 공연도 계속 연기되고 있었다. 어느 날엔 여주인공이 나오지 않았고 또 어떤 날에는 다른 배우가 빠지거나 전기가 나갔다. 여하튼 자꾸 무슨 일들이 생겨서 연습은 늦어졌고 공연도 계속 연기되었다. 그런 가운데서도 연출가는 오직 한 가지 사실에 대해서만은 매우 흡족해 하고 있었다. 그것은 누구보다도 남자 주인공이 꼭 출석을 한다는 것이었다. 그는 단 한 번도 빠진 적이 없었다.

연습이 끝나는 마지막 날 연출가는 남자 주인공에게 감사해 했다. 그는 이렇게 말했다.

"믿을 수 있는 사람은 자네밖에 없네. 다른 사람들은 도대체가 믿을 수가 없어. 한 번도 안 빠진 사람은 자네밖에 없었어. 더우나 추우나 눈이 오나 비가 오나 자네는 언제나 연습에 빠지지 않았거든."

남자 주인공이 말했다.

"말씀드리고 싶은 것이 있습니다. 저는 공연하는 바로 그 날 결혼하게 되었거든요. 그래서 적어도 연습에만은 꼭 참가해야겠다고 생각했습니다. 저는 공연하는 날 나오지 못할 것입니다. 제가 연습 때 한 번도 빠지지 않은 것은 바로 그 때문입니다.

드라마가 실제로 공연되는 날 그대는 여기에 있지 않을 것이라는 사실, 이것을 잊지 말라. 그대는 단지 연습만 하고 있다.

물질을 소유하는 것은 단지 삶을 준비하는 것 외에 아무 것도 아니다. 삶을 살기 위해 준비하고 있는 것 뿐이다. 그러나 사는 데 무슨 준비가 필요할까?

듣는 것

 개와 함께 산책을 하던 한 중년 여인이 문득 슈퍼마켓엘 들러 가야겠다고 생각했다. 그러나 수퍼마켓에는 개를 데리고 들어갈 수 없었기 때문에 그녀는 길가의 소화전에 개를 묶어놓았다. 그녀가 개를 묶어 놓자마자 근처에 돌아다니던 개들이 줄에 묶여 무방비 상태에 놓인 개에게 달려들어 킁킁거리며 냄새를 맡는 거였다. 때마침 그 앞을 지나가던 경찰관이 그 광경을 보고 그녀에게 개를 그곳에 묶어두지 말라고 했다.
 그녀가 까닭을 묻자 경찰관이 대답했다.
 "부인, 지금 이 개는 발정기(in heat)예요."
 그러자 그녀가 동문서답식으로 대답하기를,
 "내 개는 뭐든지 잘 먹어요(eat)."
 "이 개가 새끼를 낳게(bred) 된단 말입니다."
 "내 개는 빵(bread)도 잘 먹고, 케익도 잘 먹어요. 주는 건 뭐든지 다 먹어요."
 경찰관은 답답하여 어찌할 바를 몰라 하다가 이렇게 외쳤다.

"이 개가 이제 곧 교미를 하게 될 거란 말입니다!"

그러자 여인은 경찰관의 눈을 빤히 들여다보며 말했다.

"그럼 내 개와 교미를 해보세요. 그렇지 않아도 난 늘 경찰견을 갖고 싶었거든요."

단순히 듣기만 하는 것은 얼마든지 가능하다. 귀에 이상이 없는 한 그대는 완벽하게 들을 수 있다. 그러나 단순히 듣기만 하는 것은 귀담아 듣는 것관 다르다. 귀담아 듣기에는 깊이가 있다. 그것은 마음이 평온하고 잔잔하여 아무런 파문도 없음을 뜻한다. 그렇지 않을 때 그대는 남의 말을 자기 나름대로 해석하게 된다. 어떻게 듣는 가는 그대 자신에게 달려 있다.

아버지와 아들

유명한 도둑이 있었다. 그는 도둑의 대가였다. 어느 날 그의 아들이 그에게 말했다.

"아버지, 이젠 아버지도 연로하시잖아요. 아버지의 기술을 제게 가르쳐 주세요."

아버지가 말했다.

"그래, 좋다. 하지만 이것은 결코 가르쳐 줄 수 없는 기술이란다. 이것은 지식이라기 보다는 숙련된 기술과 같은 거란다. 하지만 한 번 해보자꾸나. 오늘 밤 나와 함께 나가보자."

아들은 몹시 두려웠다. 그러나 70세에 가까운 아버지는 한 집을 택해 당당하게 안으로 들어갔다. 몹시 추운 밤이었는데도 아들은 땀을 뻘뻘흘리고 있었다. 그러나 아버지는 마치 자기 집인 것처럼 능숙하고 자연스러웠다. 그는 벽에 구멍을 내고 안으로 들어가 아들을 불렀다. 아들은 아버지의 뒤를 따라 구멍 안으로 들어갔다. 아들은 너무도 두려워 숨소리가 거칠어졌다. 그러나 아버지는 숨소리조차 거의 들리지 않았다. 아버지는 아들을 데리고 계속 집 안으로 들어갔다. 그는 능숙한 솜씨로 여러 개의 문을 열고 여러 개의 방을 살폈다. 이윽고 아버지가 벽장 문을 열고 아들에게 말했다.

"자, 들어가서 제일 값비싼 옷을 꺼내 오너라."

아들은 아버지의 말대로 벽장 안으로 들어갔다. 순간 아버지는 문을 걸어 잠그더니 크게 소리를 지르며 달아나는 거였다.

그러자 집안 사람들이 모두 잠에서 깨어나 우왕좌왕했다. 벽에 구멍이 난 것으로 보아 집 안에 도둑이 든 것이 분명했다. 벽장 안에 갇힌 아들은 졸지에 일어난 사태에 어쩔 줄을 몰라 그저 숨만 죽이고 있었다.

"아버지가 미친 게 아닌가? 도대체 이게 무슨 가르침이란 말인가?"

아들은 신에게 기도하기 시작했다.

"이것이 저의 최초이자 최후의 도둑질입니다. 주여, 앞으로는 절대 이런 짓은 생각조차 하지 않겠습니다."

그 때 한 하인이 촛불을 들고 들어와 방 안을 살피기 시작했다. 순간 아들은 자신이 쥐소리를 내고 있음을 깨달았다. 그 것은 직관적인 행동이었다.

그러자 하인이 벽장 문을 열고 안을 들여다보았다. 아들은 후욱 하고 촛불을 불어 끄고는 밖으로 내달리기 시작했다. 하인과 동네 사람들이 그를 뒤쫓았다. 마침내 우물가에 이르렀을 때 아들은 커다란 돌을 하나 집어서 우물 속에 던지고는 재빨리 나무 뒤에 몸을 숨겼다. 풍덩 하는 소리가 어둠 속에 울려 퍼졌다. 뒤쫓아 오던 사람들이 모두 우물가에 멈춰서 빙 둘러섰다. 사람들은 도둑이 필경 우물 속에 빠졌다고 생각하고 이구동성으로, "잘 됐어"라고 말했다.

"아침에 우물 속을 살펴보고 도둑이 죽었는지 보면 돼. 아니면 감옥으로 보내지 뭐."

아들이 겨우 집에 돌아와 보니까 아버지는 코를 골며 깊은 잠에 빠져 있었다. 아들은 화가 나서 아버지가 덮고 자는 이불을 홱 걷어 던지며 소리쳤다.

"아버지, 미쳤어요?"

그러자 아버지가 눈을 비비며 일어나 말했다.

"어, 돌아왔구나. 잘 됐어. 넌 이제 그 기술을 터득했구나. 자, 가서 자거라. 내일부터는 너 혼자 해봐라."

"그런데 아버지, 왜 그렇게 하셨어요."

"그건 결코 가르칠 수 없는 기술이란다. 그건 직관적인 기술이어서 그렇게 얻어지는 거란다. 그래서 난 너를 그런 우연한 상황에 처하게 했던 거란다. 그런데 네가 이렇게 무사히 집에 돌아온 것을 보니까 넌 천성적으로 타고난 도둑인 것 같구나. 넌 역시 내 아들이야."

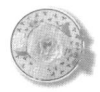

 그렇다. 이것이 바로 제자가 성장하는 길이다. 제자는 맨 처음 거지처럼 보인다. 그는 구걸을 하고 엄청나게 많은 것을 바란다. 그는 이것 저것 많은 것을 바란다. 그는 이것 저것 끊임없이 질문을 던진다. 그러다가 어느덧 그는 도둑이 된다. 왜냐하면 진리란 주어질 수 없고 오로지 훔쳐 갈 수밖에 없다는 것을 알아 채게 되니까. 그대, 구걸만 하지 말고 도둑이 되어라. 위대한 도둑이 되어라.

폭스테리어

어떤 사람이 정신 병원에 입원해 있었던 친구를 만났다.
그가 친구에게 물었다.
"좀 어떤가?"
친구가 말했다.
"응 좋아. 몇 달 동안 난 나 자신을 한 마리 폭스테리어라 생각했었지. 역시 그 분석은 내게 도움이 되었어."
"그럼 이제 완치됐나?"
친구가 대답했다.
"확실치는 않아. 근데 사냥하러 가는 차를 뒤쫓아 가는 게 너무 어려워!"

　자기 자신을 폭스테리어라 생각하는 사람을 보면 분명 그대는 그를 미쳤다고 할 것이다. 그러나 아돌프 히틀러는 어떤가? 스탈린은? 모택동은 어떤가? 그들은 자신이 폭스테리어라 생각한 적이 없었다. 하지만 그들은 대단히 위험한 자들이었다.

　지금 이 친구는 자신이 폭스테리어라 생각하고 있다. 하지만 그가 무엇을 할 수 있겠는가? 그가 설혹 자동차를 뒤쫓아 달린다 해도 그건 천진난만한 짓이다. 그는 누구에게도 아무런 해를 끼치지 않는다. 그것은 순진한 생각일 뿐이다. 잘못된 게 아무 것도 없다. 그러나 이 친구는 필경 정신 병원에 갇힐 것이다. 히틀러는 천하의 독재자였다. 그는 수많은 사람을 죽였다. 그러나 아무도 그를 정신 병원에 가두지 않았다.

웃 음

 세 명의 수도승이 있었다. 그들의 이름은 아무도 모른다. 그들은 이름뿐 아니라 자신들에 관해 아무런 흔적도 남기지 않았기 때문이다. 그들은 그저 '웃는 세 수도승'이라고만 알려졌다.

 그들이 하는 일이란 오직 하나였다. 그들은 마을을 돌아다니며 붐비는 저자거리 한복판에 서서 큰 소리로 웃음을 터뜨리는 것이다. 그러면 사람들이 몰려들어 그들을 구경했다. 그들은 온 몸으로 웃었다. 아니, 그들 존재 자체가 웃음인 것 같았다. 사람들은 하나 둘 그들의 웃음에 전염되어 나중에는 마을 전체가 웃음 바다가 되었다. 온 마을 사람들이 그들의 웃음에 빨려들어 가는 것이다. 그리고는 세 수도승은 다른 마을로 떠났다. 사람들은 모두 그들 세 수도승을 무척 사랑하였다. 웃음 자체가 그들의 사명이요 가르침이요 메시지였다. 그들은 어떠한 가르침도 펴지 않았다. 오직 이같은 상황을 만들고 다닐 뿐이었다.

그래서 그들은 '웃는 세 수도승'이란 별명으로 온 나라에 알려졌다. 온 나라 사람들이 그들을 사랑하고 존경하였다. 어느 누구도 이제껏 그런 식으로 가르침을 편 적이 없었다. 삶이란 가장 큰 웃음이다. 그밖에 아무 것도 없다고 그들은 말하고 있었다. 그들의 웃음은 웃음 자체였고, 우주적인 농담이었다. 그들은 어떤 말도 사용함이 없이 온 나라를 기쁘게 하였다.

어느덧 그들도 늙어 세 사람 중 하나가 어느 마을에서 죽음을 맞게 되었다. 사람들이 소문을 듣고 모여들었다. 사람들은 모두 이번 경우에 만은 그들이 울 것이라 생각했다. 그러면서도 그들이 우는 모습을 도무지 상상할 수가 없었다. 마을 사람들이 부랴부랴 모여 들었다. 그런데 나머지 두 수도승이 친구의 시신 옆에 서서 배꼽이 빠져나가라고 웃고 있는 것이 아닌가. 사람들은 모두 당황하였다. 그래서 사람들은 웃고 있는 두 수도승에게 이번만은 좀 설명해 달라고 간청하였다.

그리하여 그들은 처음으로 질문에 대답했다.

"우리는 단지 죽은 이 친구가 이겼기 때문에 웃는 것이오. 우리는 늘 궁금했었소. 우리 셋 중 누가 먼저 죽을지. 그런데 이 친구가 먼저 죽은 것이오. 이 친구가 이긴 것이오. 그래서 우린 웃었던 것이오. 이 친구는 참으로 오랜 세월을 우리와 함께 지냈소. 함께 웃고 서로의 존재를 즐겼던 것이오. 그런 그를 마지막으로 환송하는 마당에 웃지 않고 달리 무얼 한단 말이오."

 화장하는 날 온 마을이 슬픔에 잠겼고 사람들이 화장터로 모여들었다. 그런데 살아 있는 두 사람과 죽은 그 사람이 웃으면서 농담을 주고 받는 것이 아닌가. 죽은 사람이 갑자기 깨어나 말을 걸었기 때문이었다.

 "이보게들, 수의로 갈아 입히지 말게. 그리고 목욕시킬 필요도 없네. 난 한 번도 더러워진 적이 없잖나. 평생을 웃음 속에서 살온 날세. 그런 내게 더러운 것이 쌓일 틈이 있었겠나? 웃음이란 항상 젊고 신선한 것이지. 그러니 목욕도 수의도 다 필요없네."

 두 친구는 그에게 경의를 표하고는 시키는 대로 하였다. 그들은 장작더미에 그를 뉘었다. 막 불을 붙이자 갑자기 뻥뻥뻥 하면서 폭죽이 터져나왔다. 그의 몸속에 폭죽이 감춰져 있었던 것이다. 화장터는 일시에 웃음이 터지며 축제에 휩싸였다.

 우주적 농담을 이해할 때 우주적 웃음이 터져 나온다. 그 웃음은 어느 누구에게도 향하고 있지 않다. 그것은 삼라만상을 있는 그대로 느꼈을 때 터져 나오는 웃음이다. 이 우주가 너무도 터무니 없기 때문이다.

행복한 사람

언젠가 어느 곳에 한 왕이 살았다. 왕은 자신이 원하는 모든 것을 가지고 있었다. 부와 권력, 그리고 건강까지. 그는 왕비를 사랑했고, 왕자를 사랑했다. 그러나 그는 행복만은 갖지를 못했다. 왕은 왕좌에 앉아 있는 것이 슬프고 싫었다.

왕은 따라서 아주 불행하기만 했다. 그는 마침내 "나는 기필코 행복을 갖고 말겠다'고 결심을 했다. 왕의 전의가 호출되었다. 왕이 말했다.

"나는 행복을 원한다. 나를 행복하게 만들라. 그러면 내 그대에게 굉장한 부를 주겠다. 그러나 만일 나를 행복하게 만들지 못한다면 그대의 머리를 내게 바쳐야 할 것이다."

전의는 당황하지 않을 수 없었다. 어떻게 왕을 행복하게 만들 수 있는가? 아무도 그 방법을 아는 사람이 없었다. 사람을 행복하게 만들 수 있었던 사람은 아무도 없었다. 그러나 왕은 몹시 흥분해 있었고, 자신을 정말로 죽일지도 몰랐다. 전의가 말했다.

"시간이 좀 필요합니다, 전하. 경전들을 뒤져보도록 내일 아침까지 말미를 주십시오."

그리하여 그는 밤새도록 궁리를 했다. 아침이 되어서야 그는 겨우 한 가지 결론을 내릴 수 있었다. 그는 왕에게 가서 말했다.

"아주 간단합니다."

그는 밤새도록 경전들을 뒤져 보았지만 어디에도 행복에 대해서 언급된 것을 발견할 수 없었다. 그 문제는 실로 어려운 것이었다. 그러나 그는 한 가지 묘안을 생각해 낼 수 있었다. 그는 말했다.

"전하의 위엄이 바로 행복을 막는 장애물입니다. 전하께서는 행복한 사람을 찾아내서 그 행복한 사람의 속옷을 입으셔야 합니다. 그러면 전하께서는 행복하게 되고, 행복이 무엇인지 알게 될 것입니다."

왕은 기뻤다. 행복한 사람의 속옷을 구해서 입는 것이야 쉬운 일이었다. 왕은 신하에게 명령했다.

"어서 행복한 사람을 찾아 그의 속옷을 가져오라. 서둘러라!"

왕의 명령이 떨어지기가 무섭게 신하는 서둘러 나섰다. 그는 먼저 부자를 찾아가 그의 속옷을 요구했다. 그러나 부자는 이렇게 말했다.

"당신이 원하는 속옷을 내드릴 순 있습니다. 얼마든지 드릴 수 있습니다. 그러나 나는 행복하질 않습니다. 나는 불행합니다. 이제부터라도 나 역시 행복한 사람을 찾기 위해 하인들을 보낼까 합니다. 당신은 자신의 임무를 잊지 마십시오."

신하는 많은 사람들을 찾아다녔다. 그러나 아무도 행복하다는 사람은 없었다. 그래서 그들은 모두 죽음을 각오해야만 했다. 그들은 말했다.

"왕이 행복하게 될 수만 있다면 우린 기꺼이 목숨이라도 내놓겠다. 도대체 어떤 속옷일까? 우리는 모두 생명을 바칠 수도 있지만, 속옷은 안 되지 않는가. 우리는 전혀 행복하지가 않아."

신하는 탄식에 빠져 있었다. 어떻게 한단 말인가? 이제 그는 왕의 명령을 거역하게 될 판이었다. 그 때 누군가가 말을 했다.

"너무 걱정하지 마시오. 내가 행복한 사람을 알고 있으니까요. 당신도 그가 부는 피리 소리를 들었을 것이오. 바로 저 강가에서 피리를 부는데, 당신도 그 소리를 들을 수 있을 것이오."

"그렇군요! 저도 종종 한밤중에 매혹되곤 했지요. 그렇게 아름다운 음률…… 아, 그는 대체 누구인가요? 그는 어디에 있을까요?"

"밤에 우리 찾아보도록 합시다. 그는 매일 밤마다, 언제나 강가로 나옵니다."

그리하여 그들은 밤을 기다렸다가 강가로 나갔다. 아닌 게 아니라 어떤 사람이 어둠 속에서 피리를 불고 있었다. 피리 소리는 너무나 아름다웠다. 그 음률은 행복에 넘쳐 있었다. 신하는 저도 모르게 외쳤다.

"이제야 그 사람을 찾았다!"

그들이 그 사람에게 다가가자, 그 사람은 피리불기를 그쳤다. 그 사람이 말했다.

"원하는 게 무엇이오?"

신하가 말했다.

"당신은 행복하지요?"

그 사람이 말했다.

"나는 행복하오. 즐겁소. 그런데 당신은 무엇을 원하오?"

신하는 기쁨에 넘쳐 춤이라도 출 것 같았다. 그가 말했다.

"당신의 속옷을 주셔야겠습니다."

그러자 그 사람은 침묵했다.

신하가 다시 말했다.

"왜 침묵하시오? 당신의 속옷을 주시오. 왕께서는 당신의 속옷이 필요하오."

그 사람이 말했다.

"그건 불가능하오. 왜냐하면 내겐 아무런 속옷도 없기 때문이오. 어둡기 때문에 당신은 날 볼 수 없을 테지만 난 지금 벌거벗은 채 앉아 있소. 내겐 속옷이란 게 없소. 내 목숨이라도 줄 수는 있지만 속옷은 줄 수가 없다오."

신하가 말했다.

"그런데 어째서 당신이 행복하단 말이오? 어떻게 당신이 행복할 수가 있소?"

그 사람이 말했다.

"나는 모두를 잃었소. 속옷까지도. 모든 것을 잃었소. 모든 것을 잃어 버리자 나는 행복하게 되었소. 정말 나는 아무 것도 가진 게 없소. 나는 나 자신조차도 가지고 있지 않소. 지금 이 피리도 내가 불고 있는 게 아니라 '전체'가 나를 통해서 불고 있는 것이오. 나는 비존재, 무(無)이며, 누구도 아니오······."

아, 마음이 가난한 자, 아무 것도 가진 것이 없는자, 아무 것도 소유하지 않은 자, 아무 것도 아는 것이 없는 자, 아무 것도 아닌 자.

배꼽

한 떼의 친구들이 모여 앉아서, 정말 버릴 수 없는 가장 본질적인 것이 무엇인가에 대하여 토의하고 있었다. 한 친구가 말했다.

"나의 어머니만은 버릴 수 없어. 어머니는 나를 낳아주셨고 내 생명은 어머니에게서 나왔다고 할 수 있거든. 다른 모든 것은 다 벌릴 수 있어도 어머니만은 버릴 수 없어."

또 한 친구가 말했다.

"나는 아내를 버릴 수가 없어. 어머니나 아버지는 내가 선택하지도 않았는데 그냥 주어진 것이지만 내 아내는 내가 선택했거든. 나는 아내에게 어떤 책임감을 느끼고 있다고. 다른 사람은 다 버릴 수 있어도 내 아내만은 절대로 버릴 수 없어."

이런 식으로 그들은 이야기를 계속하고 있었다. 어떤 친구는 자기 집만은 버릴 수 없다고 했고, 또 어떤 친구는 자기 농장만은 절대로 버릴 수 없다고 말했다. 그런데 물라 나스루딘이 자기 차례가 되자 이렇게 말했다.

"나는 다른 것은 몰라도 배꼽이 없이는 살 수가 없어."

거기에 있던 친구들이 모두 이상하게 생각했다. 배꼽이라고? 친구들이 그에게 설명 좀 해보라고 하였다. 나스루딘은 이렇게 말했다.

"나는 휴일이면 침대에 편히 누워서 감자를 먹는다네."

친구들이 말했다.

"그런데 그것이 배꼽과 무슨 관계가 있는가? 감자야 누구든 먹을 수 있는 거 아닌가?"

"이해들을 못 하는군. 배꼽이 없으면 소금 놓을 곳이 없어진단 말일세."

그대가 집착하고 있는 것이란 모두가 다 이렇게 어리석은 것이다. 그대의 내면 의식 이외에는 모든 것이 다 버려질 수 있다. 그렇다고 그것을 모두 다 버리라고 말하는 것은 아니다. 그대는 이 세상에서 살아야 한다. 그러나 또 모든 것을 비운 상태에서 살아야 한다.

수도꼭지

아라비아의 로렌스는 언젠가 12명의 아라비아인을 프랑스로 데려간 적이 있었다. 12명의 아라비아인은 생전 처음으로 외국 여행을 하게 된 것이었다. 그 당시 프랑스에서는 큰 전시회가 열리고 있었고, 로렌스는 그들을 전시회에 데리고 가려 했다.

그런데 로렌스는 몹시 당혹스런 사태에 부딪쳤다. 아라비아인들이 한 번 목욕탕에 들어가자 좀체 나오려 하질 않는 거였다. 그들은 몇 시간이고 욕조 안에서 나올 생각을 안 했다. 그러자 로렌스는 한편으로 그것이 당연한 일이라 생각지 않을 수 없었다.

"아주 당연해. 저들은 물이 귀한 사막의 나라에서 왔으니 저러는 거야."

아라비아인들은 목욕탕에서 이리저리 뛰며 춤추느라 정신이 없었다. 그들은 전시회 따위에는 전혀 관심이 없었다.

그들은 외출했다가 호텔로 돌아올 때마다 "빨리 올라가자"

하고 서두르면서 욕실로 뛰어들어가 목욕을 즐겼다.

마지막 날 짐을 모두 꾸려 차에 싣고 공항으로 떠날 차비를 다 갖추었는데 갑자기 아라비아인들이 하나도 보이질 않았다. 비행기 시간은 촉박했고, 로렌스는 초조해 하며 그들이 어디로 갔는지 부랴부랴 찾아 보았다. 그러다가 돌연 그들이 욕실에 있을지도 모른다는 생각이 들었다. 로렌스는 급히 윗층으로 뛰어 올라갔다. 아라비아인들은 모두 욕실에서 수도꼭지를 떼어내려고 안간힘을 쓰고 있었다.

로렌스가 어리둥절한 표정으로 물었다.

"아니, 대체 뭣들 하고 있는 거요?"

그들이 대답했다.

"이 수도꼭지를 가져 가려고요. 아라비아에 가서도 목욕을 즐기게요."

이 아라비아인들은 물이 단지 수도꼭지에서 나오는 거라고 생각한 것이다. 그들의 눈에는 그것이 기적처럼 보였다. 그들은 수도꼭지 뒤에 수도관과 거대한 메커니즘이 있다는 것을 알지 못했다. 수도꼭지을 떼어간들 무슨 소용이 있겠는가.

내가 말하는 것은 이 수도꼭지와 같은 것이다. 그 뒤에는 거대한 원천이 있다 . 그대가 그 원천에 도달하지 못한다면 내 말을 듣는 것만으론 아무런 소용이 없다.

두 번째 신발

한 호텔에 세일즈맨이 들어왔다. 지배인이 말했다.

"빈 방이 있기는 합니다만 손님에게 내드리기는 곤란하군요. 그럴수가 없습니다."

세일즈맨이 말했다.

"그 이유가 무엇이오? 어째서 방이 있는데 내줄 수가 없다는 말입니까?"

지배인이 말했다.

"위대한 정치 지도자께서 바로 그 밑의 방에 머물고 계십니다. 이층에 빈 방이 하나 있기는 한데 그 방 아래층에 위대한 정치 지도자께서 머물고 계시단 말씀입니다. 그분은 아주 조그만 소리에도 화를 내실겁니다. 만약에 손님께서 그 방에서 걷는다거나 어떤 소리를 낸다면 야단법석이 날 겁니다. 그러니 딴 호텔로 가보도록하시죠."

세일즈맨이 말했다.

"하지만 딴 호텔을 모두 둘러봐도 빈 방이 없었습니다. 그러니 편의를 좀 봐주시오. 그 방에서 전혀 아무런 소리도 내지 않겠소. 약속하오. 난 하루 종일 시내를 돌아다니다가 밤에 돌아와 잠만 잘 거요. 그리고 일어나자 마자 곧장 떠나겠소. 그러니 내게 그 방을 좀 주시오."

이렇게 해서 그는 간신히 그 방을 얻을 수 있었다. 밤 늦게 세일즈맨은 지친 몸으로 돌아왔다. 그는 의자에 살며시 앉아서 한쪽 신발을 벗었다. 그러다가 그만 신발을 마루바닥에 떨어뜨리고 말았다. 그 때 위대한 정치 지도자에게 혹시 방해가 되지 않았을까 하는 생각이 퍼뜩 들었다. 그래서 그는 이번엔 아주 조심스럽게 나머지 한쪽 신발을 벗어서 아무런 소리도 내지 않고 마루바닥에 내려놓았다. 그리고 세일즈맨은 깊이 잠이 들었다.

한 시간쯤 지났을까, 방문 두드리는 소리가 났다. 그가 일어나 방문을 열어보니까 그 위대한 정치 지도자가 성이 나서 붉게 상기된 얼굴로 문 앞에 버티고 서 있는 거였다. 세일즈맨은 어리벙벙했다. 그가 말했다.

"제가 어쨌는데요? 전 아까부터 깊이 잠들어 있었는데!"

세일즈맨이 계속해서 말을 했다.

"각하, 제가 무슨 잘못이라도 저질렀습니까? 어쩌면…… 제가 꿈속에서…… 그것도 아니면 혹시 제가 잠결에 무슨 소리라도 질렀는지…… 무슨 소릴 냈는가요? 아하…… 정말 죄송

합니다. 그럴 생각은 추호도 없었습니다."

정치 지도자가 말했다.

"그게 아니오. 도대체 한쪽 신발은 어찌된 거요? 한 시간 동안이나 난 잠을 못 이루었소. 한쪽 신발이 마루에 떨어지는 소리를 들었을 때 난 생각했소. '아, 이 친구가 돌아왔군!' 그리고 난 두 번째 소리를 기다렸소. 난 곧 거기에 열중하게 되었지. 잠을 도통 이룰 수가 없었거든. 도대체 그 두 번째 신발은 어떻게 된 거요?"

진리는 하나다. 허위는 그대가 원하는 만큼 많을 수 있다. 종교는 하나다. 둘일 수도 없다. 진리는 하나이므로. 그러나 철학은 그대가 원하는 만큼 많을 수 있다. 누구든지 자기 철학을 가질 수 있다.

철학은 진리에 대한 그대의 꿈이다. 그대는 분명 그대의 이론을 만들어 낼 수 있다. 그러나 진리를 만들어 낼 순 없다. 꿈과 이론은 그대를 들뜨게 한다. 그럴 때 그대는 천국과 지옥사이에 매달려 있는것. 여기도 저기도 아닌 그 중간에 어정쩡하게 매달려 있는 것. 그대의 마음은 언제나 불안하다. 거기에 어떤 것, 칼 같은 것이 있으므로.

바늘은 안에

어느 날 저녁이었다. 사람들은 라비아가 그녀의 오두막 앞 큰길에서 뭔가를 찾고 있는 모습을 보았다. 사람들이 모여들었다. 가난한 라비아 할머니가 뭔가를 찾고 있기 때문이었다. 사람들이 물었다.

"라비아 할머니, 무슨 일이세요? 뭘 그렇게 찾고 계세요?"

그녀가 말하기를,

"내 바늘을 잃어버렸다오."

사람들은 그녀를 도와 함께 바늘을 찾기 시작했다.

얼마 후 한 사람이 말했다.

"라비아 할머니, 날이 어두워지는데 어쩌죠? 곧 밤이 될 텐데 이 넓은 길에서 어떻게 바늘을 찾을 수 있겠어요? 바늘을 어디다 떨어뜨리셨는지 정확히 말씀해 주시면 쉽게 찾을 수 있을 텐데요."

라비아가 말했다.

"그건 묻지를 말게나. 그런 질문일랑은 아예 내놓지를 말게

나. 그대들이 날 돕고 싶다면 그냥 돕게나. 그렇지 않거든 돕지를 말고. 그런 질문일랑은 하질 말게나."

사람들이 모두 제자리에 멀쑥하게 섰다. 그들은 모두 찾고 있었다. 사람들이 말했다.

"왜 그러세요? 그걸 물으면 왜 안 된다는 거죠? 할머니가 바늘을 어디다 떨어뜨렸는지 말씀해 주지 않는다면 우리가 어떻게 조금이라도 도와드릴 수가 있겠어요?"

라비아가 말을 했다.

"바늘은 내 집 안에 떨어드렸지."

"예? 그럼 이런 미친 짓이 어디 있단 말예요? 집 안에서 바늘을 떨어뜨려 놓곤 왜 여기서 그걸 찾는단 말씀예요?"

라비아가 말했다.

"여기가 밝기 때문이지. 집 안은 너무 어두워. 깜깜하거든."

한 사람이 말했다.

"아무리 여기가 밝기로서니 여기엔 있지도 않은 바늘을 어떻게 찾을 수 있단 말예요? 집 안에다 불을 밝혀 놓고 거기서 찾아야죠."

라비아가 웃으며 말을 했다.

"조그만 일에는 참 똑똑한 친구들일세. 한데 자신의 내적 삶을 위해서는 언제나 그처럼 똑똑해질꼬? 그대들은 모두 밖에서만 찾고 있었지. 그대들이 찾고 있는 그것은 사실 안에서 잃어버린 것이 아닌감. 그대들은 은총을, 구원을 찾지 않았는가. 그건 안에서 잃어버린 게 아닌가. 그런데도 그대들은 늘 밖에서만 찾지 않았는가. 그러면서 그대들은 말하지 않았는가. 우리의 눈이 밖에 있는 것을 쉽게 볼 수 있으니까, 우리의 손이 밖에 있는 것을 쉽게 집어올릴 수 있으니까, 바깥이 밝으니까, 그래서 밖에서만 찾는다고."

라비아가 말을 이었다.

"그대들이 정말 똑똑하다면 생각 좀 해보게. 무엇 때문에 바깥에서 은총을 찾는단 말인가? 거기서 은총을 잃어버렸는가?"

사람들은 제자리에 멍하니 서서 움직일 줄 몰랐다.

라비아는 오두막 안으로 사라졌다.

그대, 거기 어둠 속에서 무얼 하는가? 여기 빛이 있다. 그대의 속안에.

어리석은 양

 한 마술사가 있었는데, 그는 양치기이기도 하였다. 그는 아주 많은 양들을 갖고 있었다. 그런데 그는 지독한 욕심쟁이였기 때문에 하인이나 일꾼을 고용하고 싶지 않았다. 그는 아무도 고용하려 하지 않았고, 동시에 양을 잃어버린다거나 이리 따위에게 빼앗기고 싶지도 않았다. 하지만 자기 혼자 그 많은 양들을 지킨다는 것은 사실 어려운 일이었다. 그는 대단한 부자였고, 많은 양들을 갖고 있었다.

 그래서 그는 궁리 끝에 양들에게 한 가지 속임수를 쓰기로 했다. 양들에게 최면을 걸었던 것이다. 그는 마술사였다. 그는 양들에게 최면을 걸어 말했다.

 "너는 양이 아니다. 두려워 말라."

 또 어떤 양에게는 말하기를,

 "너는 사자다."

 또 어떤 양에게는,

 "너는 호랑이다."

어떤 양에게는 심지어 이렇게 말하기까지 하였다.

"너는 사람이다. 아무도 널 죽이려 하지 않을 것이다. 두려워 말라. 여기서 도망칠 생각은 꿈에도 하지 말라."

그래서 양들은 양치기 마술사의 말을 그대로 믿기 시작했다. 그리고 양치기 마술사는 날마다 양을 몇 마리씩 데려다가 도살했다. 그러나 양들은 모두 이렇게 생각했다.

'우리는 양이 아니야. 저사람은 양만을 잡아 도살하는 거야. 우린 사자고 호랑이고 이리고 이런 저런 동물들이니까……'

어떤 양들은 자기가 사람이라 믿었고, 어떤 양들은 심지어 자기가 사람중에서도 마술사라 믿었다. 양들은 모두 양치기 마술사의 말을 믿었다. 그러나 날마다 몇 마리씩 소리도 없이 끌려가 도살되었다. 나머지 양들은 그럼에도 불구하고 늘 태연하였고 냉담하였다. 조금도 걱정하지 않았다. 자기는 양이 아니었으므로. 그리하여 하나씩 둘씩 양들은 결국 모두 도살되었다.

누가 죽을 때 그대는 그것이 자신의 죽음이라고 의심해 본 적이 있는가? 마음은 여전히 그 게임을 즐기고만 있다. 죽는 건 남들뿐이다. 나는 결코 죽지 않는다고 중얼거리면서.

말하는 개

텔레비전 연출가가 물었다.
"이 개가 이십 달러나 된다구요?"
개주인이 말했다.
"이 개는 말을 할 줄 안답니다. 잘 들어보시죠. 하지만 날마다 이 개와 얘길 해야 하죠."
연출가가 말했다.
"그럼 갖다 버리쇼."
그러자 그 개가 연출가의 책상 위로 뛰어 올라갔다.
"이보시오. 내가 세상에서 가장 매력있는 개처럼 보이지 않는다는 것쯤은 나도 압니다. 하지만 그건 내 결점이 아니오. 지금의 주인은 날 제대로 기른 적이 없어요. 그는 인색하고 정직하지 않은 사람입니다. 그는 무대에 날 출연시켜 가지고 부자가 되었죠. 난 왕들과 귀족들과 권력자들을 재미있게 해줬어요. 만약 당신이 날 산다면 내 보장해 드리다. 빠른 시일 안에 오십만 달러를 벌게 해드리겠소."

연출가는 그 개의 능변에 대경실색했다.

"이 개는 하바드대학을 나온 사람처럼 말하는군 그래! 근데 당신은 왜 이 개를 팔려고 하죠? 당신, 미친 거 아니오?"

개주인이 말했다.

"왜냐하면 난 이 개의 끝없는 거짓말에 질려버렸거든요."

마음은 의식적으로 구성하고 상상한다. 마음은 거짓말쟁이. 마음은 그대에게 거짓말을 한다. 그것은 그대에게 진실이 아닌 무엇, 진실인 것처럼 보이는 어떤 것을 준다.

마음은 과거에 대해서, 미래에 대해서 거짓말을 한다. 그대가 과거에 대해 기억하고 있는 모든 것은 진실이 아니다. 마음은 기억을 불러일으킨다. 그리고 기억은 마음에 의해 만들어져 왔다. 거기엔 많은 것이 삭제되고 덧붙여져 있다. 마음은 거짓말 기계이다.

난 몰라

한 사내가 우연히 어떤 사람이 죽은 것을 보고 집으로 달려가 아내에게 물었다.

"여보, 당신은 현명하니까 말해 주구려. 내가 언젠가 죽으면 내가 정말 죽은 것인지 어떻게 알 수 있을까? 지금 어떤 사람이 죽은 것을 보고 오는 길이라오. 언젠가 나도 죽을 거 아니오? 그러면 내가 죽은 걸 어떻게 알지?"

아내가 대답했다.

"그런 바보같은 소리 하지도 말아요. 그건 자연히 알게 돼요. 죽으면 몸이 차가워질 거예요."

그런데 어느 날 결국 그 비슷한 일이 실제로 일어났다. 사내는 마침 숲속에서 나무를 베고 있었다. 그런데 날이 몹시 추웠기 때문에 몸이 차가워지는 것을 느끼기 시작했다. 그는 깜짝 놀랐지만 어쩔 수가 없었다.

"아, 드디어 최후의 날이 왔구나. 몸이 점점 차가워지고 있어."

그리하여 그는 자신의 당나귀에게 작별인사를 했다. 거기엔 나귀밖에 없었던 것이다. 그리고 나무 아래 편안한 자세로 누워 눈을 감았다. 그밖에 뭘 할 수 있겠는가?

나무 아래 가만히 누워 있자니 당연히 점점 더 추워졌다.

"죽음이 이제 다 온 것이 분명해. 몸이 점점 더 차가워지고 있어."

그 순간 그는 순전히 호기심으로 한쪽 눈을 살며시 뜨고 나귀가 있는 곳을 훔쳐 보았다. 그런데 놀랍게도 나귀가 어느새 늑대에게 물려 죽어가고 있는 거였다.

그러자 사내가 큰 소리로 외쳤다.

"난 몰라. 난 이미 죽은 사람이니까 내 나귀를 맘대로 해보라구. 내가 살아 있었더라면 그 광경을 분명 봤을 거야. 하지만 난 이미 죽은 몸이라구. 난 몰라."

생각을 한다는 것은 살아 있다는 증거이다. 공상, 꿈, 환상, 그러나 생각만 하고 있다면 결국 그대는 '난 몰라' 할 것이다.

불경기

 한 초상 화가가 단골 카페에서 술잔을 기울이고 있었다. 술병이 비자 그는 한 병을 더 주문하려 했다. 그 때 문득 옆자리에서 '불황이 오고 있다'는 신문 머리기사를 보게 되었다. 그래서 화가는 한 병 더 마시려던 생각을 바꿔 계산서를 달라고 했다.

 카페 주인이 물었다.

 "오늘 술맛이 별로 안 나세요?"

 "아니, 좋아요. 하지만 불경기가 오고 있다니 그만 마셔야겠어요. 절약해야죠."

 카페 주인이 말했다.

 "불황이라. 그럼 제 집사람도 계획했던 비단옷을 포기해야 겠군요."

 비단옷 주문이 취소되자 재단사는 중얼거렸다.

 "불황이라. 지금은 사업을 확장할 때가 아니군. 계획을 취소하고 그냥 끌고 나가야겠어."

재단사가 사업 확장 계획을 취소하자 건축가는 생각했다.

"그러면 집사람 초상화를 뒤로 미뤄야겠어."

그래서 건축가는 화가에게 편지를 써보내 초상화 주문을 취소했다.

편지를 받아 본 화가는 마음을 달래볼까 싶어 단골 카페로 갔다. 술을 주문한 그는 문득 옆자리에서 며칠 전에 본 그 신문을 발견했다. 화가는 신문을 집어 천천히 읽어보았다. 그 신문은 10년 전 것이었다.

지식은 그대에게 결코 통찰력을 주지 않는다. 지식은 그대를 눈 멀게한다. 앎은 통찰이며 투명하고 순수하다. 지식은 낡은 것이다. 앎은 언제나 새롭고 젊다. 앎은 늘 지금 여기에서 일어난다. 지식은 낡고 오래된 것이다. 지식은 포도주와 같다. 포도주는 오래될 수록 가치가 있다. 지식은 포도주와 같다. 지식은 그대를 취하게 만든다. 지식은 그대를 무디게 만든다. 무감각하게 만든다. 지식은 그대를 무의식 상태로 만든다. 앎은 언제나 신선하다. 아는 자는 매 순간마다 앎에 이른다. 아는 자는 결코 낡은 것을 갖지 않는다. 그는 순간을 살며 예민하고

민감하고 빈틈없다. 지식은 돌고 돈다. 그것은 한 손에서 다른 손으로 넘어가며 사람들에게 막대한 영향을 끼친다. 엉뚱한.

인종차별

한 흑인이 배가 고파서 어떤 식당으로 들어가 식탁에 앉았다. 그랬더니 맞은 편에 앉은 손님이 말했다.

"당신은 당신을 싫어하는 사람 앞에 나타나는 것이 취미요?"

"아니오. 나는 음식을 먹으러 왔을 뿐이오."

"평등 사회라는 것을 주장하시는 건가?"

"그거야 어쨌든 난 지금 배가 고프오."

그리고 나서 그는 음식을 먹었다.

하루 일과가 끝난 후 그는 음악감상실을 찾았다. 자리로 가서 앉자 옆에 앉은 숙녀가 놀라며 잔뜩 몸을 움츠렸다. 그래서 그는 "미안합니다"라고 말했다.

그러자 그녀가 쌀쌀맞게 말했다.

"당신은 원하지 않는 자리에 나타나는 것이 취미인가요?"

"아, 그렇지 않소."

"여긴 당신을 원하지 않아요."

그녀의 말에 그는 깜짝 놀랐다. 그가 말했다.

"당신 뭔가 잘못 알고 있는 모양인데, 난 분명히 음악이 좋고 음악 역시 내가 들어주기를 원하는 것 같은데요."

"오 선생! 확실히 평등 사회로군요!"

숙녀가 이렇게 말하자 감상실 안내원이 말했다.

"아닙니다, 아가씨. 이 음악은 평등 사회가 아니라 베토벤의 제5번 교향곡 2악장입니다."

음악감상실을 나온 그는 호텔로 갔다. 접수계가 냉랭하게 말했다.

"뭣 때문에 왔소?"

"쉬러 왔소."

"여긴 화이트(백인 전용)호텔입니다."

그는 주위를 둘러보며 말했다.

"화이트 호텔이라. 때가 잘 탈 테니 청소하는 데 꽤나 애먹겠군. 그렇지만 난 상관없소."

"우린 상관이 있습니다."

이어서 호텔 접수계가 말했다.

"우린 흑인은 받지 않아요. 평등 사회 따위는 원치 않아요."

그가 말했다.

"나 역시 그런 건 원치 않소. 다만 침대 하나만 있으면 되오."

그는 호텔을 나와 기차 정거장으로 걸어가며 생각했다. '텍사스로 가는 침대칸을 하나 사자. 이 도시는 맘에 안 드는 구석이 많아.'

매표원이 말했다.

"당신한테는 침대칸을 팔 수가 없소. 이건 규칙이오."

"팔라는 게 아니라 하룻밤만 빌리자는 거요."

그러나 매표원은 막무가내였다. 그 흑인은 생각했다. '이건 평등 사회가 아니라 야만 사회군. 이러느니 걸어가는 게 낫겠어.'

길을 걸어가다가 우연히 다른 도보 여행자를 한 사람 만났다. 그런데 그는 흑인을 보자 길 건너편 쪽으로 피했다. 그 쪽은 진흙탕길이었다. 흑인이 그 까닭을 묻자 그가 대답했다.

"흑인은 더럽다구."

"진흙탕도 더럽지. 그리고 난 아직 당신만큼은 더럽지 않아."

"하지만 넌 깜둥이야, 안 그래?"

"다들 내 할아버지를 그렇게 불렀지."

"그게 그거지 뭐야!"

그가 의기양양해서 말했다.

"게다가 난 하늘이 두 쪽이 나도 내 여동생을 너 같은 깜둥이하고는 결혼시키지 않을 거야."

흑인은 그의 여동생을 한 번도 본 적이 없었다.

"거야 당신 여동생이 싫다고 해야지. 안그런가?"

"오 맙소사! 설사 내 여동생이 좋다고 해도 넌 그 애와 결혼할 수 없다구."

"나도 당신 여동생과 결혼할 생각 없어."

"어렵쇼. 왜지?"

그가 화를 내며 대들었다.

"난 이미 결혼한 몸이기 때문이지. 난 내 아내가 좋아."

"네 아내도 깜둥이겠지?"

"다들 그녀의 할아버지를 그렇게 불렀지."

"그게 그거지 뭐야?"

그가 고래고래 소리를 질렀다.

"이제 그만 합시다. 당신이 미쳤든가 내가 미쳤든가 둘 중 하나요."

그러자 그 백인은 진흙탕을 튀기며 이렇게 말하고 사라졌다.

"우리 둘 다 미친 거야."

머리는 미쳐 있다. 생각은 늘 나눠놓고 생각한다. 생각 때문에 분리가 생긴다. 생각 때문에 국가와 민족이 생기고, 흑인과 백인, 부자와 빈자가 생긴다. 그렇다면 생각이 바로 악마 아닌가.

소 변

 내 친구 중에 캘커타 대학의 교수이며 저명한 의사가 있었다. 그는 순전히 어떤 사람의 소변 표본을 채취하기 위해 랭군에 간 적이 있었다. 그 사람의 병이 매우 희귀한 것으로, 소변의 성분이 보통 사람의 것과는 완전히 다르다는 말을 듣고 랭군으로 날아간 것이다. 그는 그 병을 연구하기 위해 랭군으로 날아간 것이었다.

 마침내 그는 그 사람에게서 소변을 얻어냈다. 그 병이 희귀한 병이었으므로 그는 소변을 얻게 되자 몹시 기뻤다. 그러나 캘커타 공항으로 돌아왔을 때 그는 세관의 저지를 받았다. 세관원들은 수입품에 관한 자료를 살펴 보았다. 그러나 거기에 소변을 수입해도 좋다는 규정이 들어 있을 리가 없었다. 결국 세관원들은 이렇게 말했다.

 "일단 여기다 맡겨 두십시오. 적합한 규정이 있는지 상부와 상의해 봐야겠습니다."

 "그건 말도 안 되는 소리요."

"하지만 우리도 어쩔 수가 없습니다. 이 목록을 한 번 보십시오. 지금껏 소변을 수입한 적이 없잖습니까. 관세청에서도 이런 일을 아는 바가 전혀 없습니다. 이건 완전히 새로운 사례입니다. 그러니 어찌합니까. 델리에 문의를 해봐야 합니다."

그리하여 결국 그 소변은 통관이 허가되지 않은 채 공항 창고에 보관되게 되었다.

그러자 그 교수는 울부짖듯 소리쳤다.

"이건 48시간 내에 부패하고 말아요. 그러면 내게 아무 소용도 없게 된단 말이요. 난 이게 지금 당장 필요하단 말이요."

"하지만 그건 불가능합니다. 우리는 이 품목에 대해 세금을 얼마나 부과해야 할지 전혀 모르고 있습니다. 그러니까 지시가 내려올 때까지 기다려야 합니다."

그리하여 서류들이 오가고…… 2개월이 지나서야 마침내 문제의 소변은 교수에게 배달되었다.

인간의 마음은 이처럼 어리석다. 나는 인간의 마음이 어떻게 작용하는지 알고 있기에 결코 엄격한 규율을 제시하지 않는다. 일단 엄격한 규율이 제시되면 그에 대한 의식을 갖고 거기에 따르게 된다. 거기엔 도대체 성장이 있을 수가 없다. 그대, 엄격한 인간이 아니라 지혜로운 인간이 되어라. 깨어 있으라.

귀와 눈

어떤 사람이 랍비에게 묻기를,
"진실과 거짓은 얼마나 거리가 멉니까?"
랍비가 말하기를,
"한 뼘도 안 되지."
그 사람은 깜짝 놀라 다시 묻기를,
"이해할 수가 없습니다. 무슨 말씀인지요?"
랍비가 말했다.
"귀와 눈의 거리가 곧 거짓과 진실의 거리다. 그대가 귀로 듣는 모든 것이 바로 거짓이다. 듣는 것은 거짓이요, 보는 것은 진실이다."

가슴과 머리의 차이.

경찰관

경찰 소장이 화가 잔뜩 나 있었다. 그가 순찰 경관에게 호통을 쳤다.

"자네, 이년 동안이나 그 자리에 있으면서 한 놈도 잡아내질 못했어! 한 번 더 기회를 주겠다. 어떤 놈이 데이비스 선생 댁 사과를 따가고 있다. 가서 그 도둑을 잡아와!"

순찰 경관은 그곳으로 달려갔다. 한밤중에 그는 과수원에서 보따리를 짊어지고 도망치려는 복면의 사나이를 발견하고는 재빨리 뒤쫓아가 붙잡았다. 보따리를 풀어보자 거기엔 값진 은화들이 들어 있었다. 그러자 경관은 보따리를 다시 돌려주며 말했다.

"미안하게 됐습니다. 실수를 했군요. 이게 사과가 아닌 것을 다행으로 여기시오."

사람들이 내게 와서 말한다. 우리는 안다, 옳고 그른 것을 정확히 안다. 그런데 우린 힘이 없어 옳게 행할 수가 없다. 우린 악의 재물이 되고 있다고. 그러나 그렇지 않다. 사람은 결코 약하지 않다. 아무도 약한 사람은 없다. 신은 결코 약골들을 창조하지 않았다. 그건 불가능하다. 그러면 문제는 어디에 있는가? 문제는 바로 지식이란 것이 그대를 변화시키는 힘이 아니기 때문에 일어나는 것이다. 그대는 분명 알고 있지만, 그것은 결코 그대를 변화시키지 못한다. 그것은 도리어 그대가 약하다는 것, 무기력하다는 것을 느끼게 만든다. 그대의 지식은 그대를 돕는 게 아니라 도리어 자신감을 부순다. 나쁘다는 것을 알면서 화를 내는 것보다 화가 나쁘다는 것을 모르는 게 더 낫다. 화가 나쁘다는 것을 알면서도 화를 내는 것은 대단히 위험하다. 그러나 화가 나쁘다는 것을 경험을 통해서 참으로 안다면 그 앎은 그대를 변화시킬 것이다. 그대는 결코 다시는 화내지 않을 것이다. 어떻게 화를 낼 수 있겠는가? 그것이 불덩이라는 걸 알고 있는데 어떻게 그 속에 손을 집어넣을 수 있겠는가? 지식은 무력하다. 지식은 그대를 무기력하게 만든다.

폭 풍

두 목사가 호수를 건너가게 되었다. 그 당시에는 도로도 없었고 자동차도 없었기 때문에 목적지로 가려면 배를 타고 호수를 건너야만 했다. 호수는 곧잘 거칠게 파도를 치곤 하였다. 때론 폭풍우가 갑자기 몰아쳐 배를 삽시간에 집어삼키는 경우도 있었다.

두 목사는 호수를 건너가야만 했다. 한 사람은 6피트의 키에 대장장이처럼 억센 근육을 가진 시골 목사였고, 다른 한 사람은 키가 작고 깡마른 도시 목사였다. 그들은 배를 한 척 빌렸다. 늙은 사공이 배를 젓기 시작했다.

얼마쯤 가자 갑자기 무서운 폭풍이 불면서 호수를 온통 뒤흔들었다. 배가 마치 바람에 날려가는 낙엽처럼 마구 흔들렸다. 사공이 말했다.

"두 분께서 절 좀 도와주셔야겠소. 여기서 살아 나가고 싶으면 그 노를 잡아요."

두 목사는 각자 노를 잡고 열심히 젓기 시작했다. 무척 힘든 일이었다. 그러나 그들이 열심히 노를 저은 덕분에 배는 곧 폭풍의 눈 안으로 들어갈 수 있었다.

잠시 후 폭풍이 다시 거세지기 시작했다. 그러자 건강한 시골 목사가 노를 내던지며 말했다.

"이제 기도를 합시다."

사공이 소리쳤다.

"안 되오. 지금은 기도할 여유가 없소. 노를 계속 저어야만 하오."

그대, 겁장이가 되지 마라. 기도는 나약한 자들이나 하는 것. 기꺼이 명상에 도전하라. 명상은 하나의 도전이다. 기도처럼 쉬운 것은 없다. 아무 것도 할 일이 없어 보이므로. 그저 "신이여, 이렇게 저렇게 해 주십시오"하고 말하기만 하면 되니까. 그대는 신에게 모든 책임을 돌리고 있지 않은가. 신에게 모든 걸 맡겨버리고 나서 대체 무엇을 할 수 있을까?

어떤 영화감독

 어떤 영화감독이 꿈속에서 여자 친구와 얘길 하다가 큰 소리로 잠꼬대를 하였다. 잠을 깬 그의 아내는 남편이 감미로운 말로 잠꼬대를 했기 때문에 잠자는 남편을 쏘아보았다. 남자는 결혼을 하면 꿈속에서 조차도 아내를 무서워하는가보다. 영화감독은 문득 낌새를 채고 잠을 깨 아내의 눈치를 살폈다. 내가 무슨 말을 했을까? 순간 그는 아내가 자신을 노려보고 있음을 알아챘다.
 그래서 그는 침착하게,
 "컷, 자 다음 장면으로 넘어갑시다."

 그대가 진정으로 아내를 사랑한다면 아내에게 간밤의 꿈 이야기를 할 것이다. 설혹 다른 여자와 육체적 관계를 맺는 꿈을

꾸었다 해도. 사랑하는 사람은 모든 것을 함께 나누어야 한다. 서로 가슴을 나누어야 한다.

  친하다는 것은 아무런 비밀도 없음을 말한다. 좋은 일이든 나쁜 일이든 무엇이든 털어놓고 가슴을 활짝 열 수 있어야 한다. 그로 인하여 어떠한 희생을 치르고 어떠한 곤경에 처하더라도 모든 것을 털어놓아야 한다. 그래야 성숙하지 않겠는가?

지옥

 한 인도 사람이 죽었다. 그는 인도 사람이지만 줄곧 독일에서 살아왔었다. 그는 죽어서 지옥으로 가기로 결정되었는데 사자가 묻기를,

 "그대는 어떤 지옥을 원하는가? 그대는 인도 사람일 수도 독일 사람일 수도 있다. 그대는 인도에서 태어났지만 독일에서 살았다. 그러므로 어느 쪽이든 택할 수 있다. 마음대로 선택하라."

 사자의 말에 그는 아연했다. 그가 말하기를,

 "지옥에도 여러 가지가 있는 줄은 미처 생각지 못했어요. 그런데 뭐가 다릅니까? 형벌이 다른가요?"

 사자가 웃으며 말하기를,

 "아니다. 형벌은 다 똑같다. 똑같은 불이 기다리고 있다. 고통도 똑같다."

 그러자 인도 사람은 더욱 놀라지 않을 수 없었다.

 "그럼 대체 뭐가 다릅니까?"

사자가 말하기를,

"아, 물론 다른 게 있지. 독일인 지옥에서는 모든 일을 독일인다운 능률성, 정밀성, 정확성, 완벽성을 가지고 처리한다. 그리고 에, 인도인 지옥은 인도인답게 일을 처리하지."

인도 사람은 펄쩍 뛰었다.

"그렇다면 당연히 인도인 지옥으로 가야지요. 인도인 지옥에서는 분명 때로 불이 꺼지기도 하고, 또 때로는 약해지기도 할 테니까요."

로보트 인생은 정이 없다. 그는 감정도 없고 가슴도 없다. 그는 감정을 억제하기만 한다. 그는 모든 것을 능률적으로만 생각한다.

자살자

괴로움에 지쳐버린 한 청년이 시 중심가에 있는 호텔의 40층 난간에 올라가 뛰어내리겠다고 위협하고 있었다. 인근의 경찰이 가장 가까이 접근할 수 있었던 곳은 몇 피트 아래의 이웃 빌딩 지붕 위였다. 제발 안전하게 돌아오라는 온갖 탄원도 그에게는 아무 소용이 없었다.

이윽고 그곳 교구의 신부가 나타나 그와 대면하게 되었다.

"생각해 보거라, 내 아들아, 너를 사랑하시는 부모님을 생각해 보거라."

신부는 사랑이 담뿍 담긴 목소리로 자살 희망자에게 말했다.

청년이 대답했다.

"그들은 날 사랑하지 않아요. 뛰어내리겠어요."

"안돼, 내 아들아, 멈춰라!"

사랑이 가득한 목소리로 신부가 다급히 외쳤다.

"너를 사랑하는 여인을 생각해 보라."

"나를 사랑하는 여자는 없습니다. 뛰어내리겠어요."
신부가 다시 애원했다.
"그러면 오직 너를 사랑하시는 예수님과 마리아와 요셉을 생각해 보라."
청년이 물었다.
"예수와 마리아와 요셉이라구요? 그들이 누굽니까?"
그러자 신부가 소리질렀다.
"뛰어내려! 이 유태인 새끼, 뛰어내리란 말이다!"

사랑은 이렇게 순식간에 말끔히 사라져 버린다. 사랑의 온갖 말들은 단지 피상적인 것이었다. 모든 관용의 말 저 밑 깊은 곳에는 편협함이 들어 있다. 관용이란 말부터가 추한 것이 아닐까? 사랑이란 말은?

산다는 것

 언젠가 뮬라 나스루딘이 병이라는 문제에 관해 자신의 견해를 피력했다.
 "난 아플 때 의사를 찾아갑니다. 왜냐하면 의사들도 살아야 하니까요. 의사는 내게 처방전을 써 줍니다. 그러면 나는 그것을 가지고 약사에게 갑니다. 약사에게 기꺼이 돈을 지불합니다. 왜냐하면 약사도 살아야 하니까요. 약을 타가지고 집으로 돌아오면 그것을 하수구에 던져 버립니다. 왜냐하면 나도 살아야 하니까요. 그렇지 않습니까?"

 그대, 교회에 나가고 설교자를 찾아간다 하더라도 자신은 살아야 한다는 것을 항상 잊지 않도록 하라. 그들이 주는 약을 도무지 사양하지 못해 받는다면 그 약을 하수구에 던져 버리

도록 하라. 저들은 살기 위해서 설교를 하니까. 그러나 그대도 살아야 하지 않겠는가. 그대, 살아야 한다. 잘 살아야 한다.

연애편지

 한 소녀가 어느 날, 아버지가 옛날에 어머니에게 보냈던 연애 편지를 발견하게 되었다. 소녀는 그 편지 내용이 아주 그럴듯하다고 생각해서 그대로 베껴 썼다. 그리고 그 편지에 남자 이름으로 싸인을 해서 자기 자신에게 부쳤다. 소녀는 그 편지를 아버지에게 보여 주었다. 편지를 읽던 아버지가 마치 화산이 폭발하듯 분노를 일으키며 호통을 쳤다.
 "이놈 정말 얼간이로구나! 너, 이놈에게 가서 이 근처에 얼씬거리지 않는 게 좋을 거라고 해라!"
 아버지는 분노에 차서 외쳤다.
 "우리 집안에선 이런 바보는 원치 않는다. 이따위 어리석은 편지를 쓰는 바보는 정신 병원에다 처박아 버려야 돼!"

 그대는 사랑할 때 어리석은 짓을 한적이 없는가? 사랑하는 사람은 거의 미친 것처럼 보인다는 것을 알지 못하는가?

 불행하게도 정상적인 사람들이 종종 이곳에 오곤 한다. 그들은 여기서 미친 사람들의 거대한 집단을 본다. 웃고 춤추며 즐기고 노래하는 미친 사람들을. 그들은 이 광경을 결코 믿을 수 없다! 불행하게도 정상적인 그들이 어떻게 이 미친 광경을 믿을 수 있겠는가?

어떤 목사

설리반 목사가 너무 과로한 나머지 정신과 의사를 찾아가 신경쇠약에 걸리기 일보 직전인 것 같다고 털어놓았다.

그러자 의사가 말했다.

"최선의 방법은 생활 태도를 완전히 바꾸는 것입니다. 일을 놓으시고, 저녁에는 그렇죠, 나이트클럽 같은 데서 시간을 보내도록 하십시오."

그 날 저녁 목사는 좀 불안하기는 했지만 의사의 충고를 받아들이기로 마음을 먹었다. 그는 어느 나이트클럽을 찾아가 어두침침한 한쪽 구석에 가 앉았다. 웨이트리스가 지나가다가 그의 테이블 앞에 멈췄다.

"어머, 어서 오세요, 목사님!"

"허, 내가 목사라는 걸 어떻게 알았지?"

웨이트리스가 씽긋 웃으며 말하기를,

"목사님께선 잘 모르실 거예요. 그렇죠? 전 나탈리 누이예요. 어머, 그런데 목사님 왜 자꾸 그렇게 움츠리세요?"

 참사람은 마음 놓고 웃고 또 울 줄도 안다. 참사람은 행복할 줄도 불행할 줄도 안다. 그의 불행, 고통은 하나의 삶이다. 그러나 로보트 인생은 대단히 불행한데, 그 불행조차도 아주 따분하고 생기가 없고 기계적이다. 그들의 불행 속에는 맥박도 뛰지 않는다.

도 둑

마론 부인이 친구들에게 고백하기를,

"내 아들 티모티가 무척 속썩였었지. 그 녀석이 글쎄 뭐든지 보기만하면 주머니에 쑤셔넣는 버릇이 있지 않았겠어. 내 옷장에서 이십 달러를 꺼내갔고, 남의 은수저고 뭐고 할 거 없이 말야…… 그래서 남편이 닥터 싱가에게 데려가 보라고 하잖겠어. 닥터 싱가는 프로이드를 연구한 훌륭한 사람이거든. 너희들도 알아 둬, 애들아. 남편은 확실히 옳았어. 닥터는 티모티와 한 시간쯤 대화를 하더니 문제를 해결해 냈단다."

친구들이 물었다.

"그래, 닥터가 뭐라든?"

마론 부인이 말했다.

"닥터가 말하더군. '마론 부인, 댁의 아드님은 도둑이오.'"

 사람은 이름을 붙여야만 한다. 그렇기 때문에 사람들은 만물에 딱지를 붙여왔다. 그리곤 안다고 믿는다. 그대, 무엇을 정말 아는가? 그대가 만약 머리 속에 들어 있는 그 이름들을 모두 지워버린다면 무엇이 남게 될까? 아무 것도 없다. 그대, 그 아무 것도 없음을 이해하여라.

유언

어느 부자가 멋진 캐딜락 승용차를 구입했는데, 운 나쁘게도 그는 사흘 후에 죽고 말았다. 주치의는 너무나 급작스런 일이었기 때문에 어찌해 볼 도리가 없었다고 하였다. 그는 발병한 지 꼭 24시간만에 죽었다고 주치의는 진술했다. 그런데 그는 죽기 전에 한 가지 유언을 했다.

"나는 바로 며칠 전에 캐딜락을 구입했다. 그건 특별히 주문해서 맞춘 것이다. 그런데 그 차를 한 번도 타보질 못했어. 나를 그 캐딜락에 묻어달라."

그의 유언은 실행되었다. 넓고 깊은 무덤이 파졌고, 그의 시신은 캐딜락 안에 앉혀졌다. 캐딜락은 크레인으로 무덤 속에 안치되었다. 많은 사람들이 그걸 구경하러 몰려왔다. 대단히 많은 사람들이었다.

구경꾼 중에는 두 거지가 끼어 있었다. 한 거지가 말하기를,

"이봐, 이거야말로 사람이 살아야 할 길 아니겠어. 삶이란 바로 이런 것이야! 이게 삶이라구."

그대는 죽음의 문제를 해결할 수 없다. 거기엔 길이 없다. 그러면 대체 뭘 할 수 있는가? 사람들이 찾을 수 있는 가장 쉬운 길은 죽음을 모른체하고 잠자는 것이다. 죽음에 대해서 눈을 돌리고 회피하는 것이다. 그대는 죽음을 똑바로 볼 수 있는가? 피하라! 도피가 그대의 길이다.

성당지기

 어느 유명한 신부가 켐브리지 대학에 있는 성당에서 설교를 하게 되었다. 30년 전에 그는 그 대학의 학생이었다. 그는 젊은 시절의 기억을 되살리며 주위를 둘러보았다. 그는 자기가 아는 누군가가 아직도 그 학교에 남아 있기를 기대하면서 주위 사람들을 살펴 보았다.

 그러다 그는 늙은 성당지기를 알아 볼 수 있었다. 설교가 끝난 뒤 그는 성당지기에게 다가가 이렇게 말했다.

 "저를 알아보시겠습니까? 저는 삼십 년 전에 여기 학생이었습니다. 다른 사람들은 모르겠고 오직 당신 얼굴만 알아볼 수 있겠군요. 아직도 이렇게 건장하시니 하나님께 감사드립니다. 당신은 정말 하나님을 잘 모셔왔군요."

 성당지기가 말했다.

 "그렇습니다. 나는 하나님에게 감사합니다. 나는 이곳에서 오십 년 동안 설교를 들어왔습니다. 오십 년 동안 그 돼먹지 않은 설교를 들었는데도 아직 가톨릭 신자라는 것에 대해 하나님께 감사를 드립니다."

 가톨릭교의 이름으로 행해진 설교를 모두 듣는다면 가톨릭교인이 되기 어렵다. 불교의 이름으로 행해진 모든 가르침을 배운다면 불교인이 되기 어렵다. 힌두교가 무엇인지 안다면 힌두교인이 되기란 힘든 일이다.

지각

 뮬라 나스루딘은 직장엘 다니고 있었다. 그는 사무실 바로 앞에 살고 있었는데도 자주 지각을 했다. 어느 날 화가 난 사장이 나스루딘에게 버럭 호통을 쳤다.

 "이거 너무하잖나? 내가 자네에게 몇 번이나 말했나? 자, 보게. 회사에서 3마일이나 떨어진 곳에 사는 자네 동료들은 꼬박꼬박 제 시간에 출근하지 않나? 그런데 자넨 바로 코 앞에 살면서 왜 매일 지각을 하는건가?"

 뮬라 나스루딘이 대답했다.

 "그건 간단합니다. 그리고 지극히 당연한 것입니다. 우린 늦을 때 서두르게 됩니다. 그러니까 회사에서 3마일 떨어진 곳에 살고 있는 동료는 늦으면 서두를 수가 있습니다. 그러나 전 일단 늦으면 도리가 없습니다. 서두를 방법이 없습니다. 회사에서 멀리 떨어진 곳에 살고 있는 동료는 거리가 있기 때문에 늦으면 달리거나 택시를 탈 수가 있습니다. 그러나 전 어쩔 수가 없습니다. 전 일단 늦으면 도리가 없습니다. 회사 바로 앞에 살고 있기 때문에 도무지 서두를 수가 없습니다."

 그대, 명심하라. 깨달음이란 결코 다른 어디에 있는 것이 아니라 바로 지금 여기에 있다. 그러니 서두르지 말라. 서두르면 서두를수록 지금 여기에서 멀리 벗어날 것이니. 그대의 여행은 서둘러 떠나야 할 여행이 아니다.

빨리빨리

미국인 신부와 프랑스인 신부가 우연히 만나 사랑에 대해 얘기하고 있었다.

프랑스인 신부가 말했다.

"프랑스 남자는 사랑할 때 너무나도 은근하고 감미롭지요."

그러면서 설명을 덧붙이기를,

"먼저 손끝에서부터 키스를 시작해서 다음은 어깨, 목, 그리고……"

귀여운 미국인 신부가 말을 가로챘다.

"어머나! 미국인 신랑이라면 아마 그 때쯤이면 벌써 신혼여행을 마치고 집으로 돌아가는 중일 거예요."

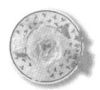

 미국에서는 모든 것이 미친듯이 돌아가고 있다. 모든 일이 엄청나게 빠른 속도로 행해지고 있다. 거기서는 속도만이 오직 가치있는 것처럼 보인다. 미국인들이 발견한 유일한 가치, 속도! 이제 무슨 일이든 빨리만 하면 좋은 일이다. 누가 무엇을 어떻게 하든 무조건 빨리만 하면 좋다. 차를 빨리만 몬다면 어디로 달리든 아무 상관이 없다.

 그대가 곧장 죽음의 나락으로 뛰어든다 해도! 빨리 달려라. 그래야 아름답지 않은가.

뿌리

언젠가 한 정원사를 만난 적이 있었다. 그는 마을의 모든 경기에서 언제나 이기곤 했던 아주 유능한 사람이었다. 어느 누구도 그 사람처럼 갖가지 종류의 꽃들을 그렇게 크고 아름답게 피워 낼 수 없었다.

나는 그에게 물었다.

"당신의 비결이 뭐요?"

그가 말하기를,

"다름 아니라 난 뿌리에 도전하죠, 그게 비결이죠."

내가 다시 물었다.

"무슨 뜻인가요?"

그가 말하기를,

"꽃을 계속 잘라내는 겁니다. 난 나무에 핀 평범한 꽃들을 그냥 놔두지 않습니다. 가령 백 송이의 꽃이 피면 몇 송이만 남겨 놓고 다 잘라 버립니다. 그러면 뿌리는 점점 화가 나게 되죠. 그래서 백 송이의 꽃을 한 송이 꽃으로 모은 것처럼 크고 아름다운 꽃을 피우죠. 결국은 뿌리가 이기죠. 이게 바로 내 비결입니다. 뿌리를 성나게 하는 것이."

 그대는 꽃이 피는 까닭을 아는가? 나무는 뿌리에 있다. 꽃은 뿌리에 의존한다. 꽃은 뿌리의 그 깊은 줄기들이 드러내어 몸짓한 것. 뿌리를 알지 못하면 절대 나무를, 꽃을 알 수 없다. 꽃핌은 뿌리의 최후의 행위이다. 뿌리는 근원이요 원천이다. 뿌리는 꽃이 없이도 존재한다. 그러나 꽃은 뿌리 없이 존재할 수 없다. 꽃과 가지를 잘라라. 그러면 뿌리는 훨씬 더 아름다운 꽃을 피울 것이다. 뿌리는 말할 것이다.
 "누가 이겼는지 말해다오."

향 기

 물라 나스루딘이 친구 집에 놀러 갔다. 그 집에는 매우 귀여운 여덟 살 된 사내애가 있었다. 그 꼬마애가 마침 정원에서 놀고 있었다. 나비를 쫓아다니고 꽃을 따 모으면서 이슬에 젖은 잔디밭 위를 즐겁게 뛰어 놀고 있었다. 그리고 한쪽에서는 정원사가 울타리의 나무들을 손질하고 있었다. 갓 잘려진 나무들에서 상큼한 향기가 퍼져나와 정원을 물들이고 있었다. 아이는 즐겁게 뛰어다니고 뒹굴고 노래 부르면서 놀았.
 그러다 아이가 집 안으로 들어왔다. 아이의 어머니가 물었다.
 "어디에 있다가 왔니?"
 "밖에요."
 "무엇을 했니?"
 "아무 것도 하지 않았어요."
 그래서 나스루딘은 아이에게 이렇게 말했다.
 "애야. 그렇지 않아. 너는 정원에서 여러 가지를 하며 놀았으면서도 왜 아무 것도 하지 않았다고 말하니?"

아이가 말했다.

"그러니까 아무 것도 하지 않았다고 말하는 거예요. 그것들은 말로 할 수 없는 것들이어요. 그 향기는……."

그렇다. 나는 그 애가 말하려는 것을 안다. 그의 코를 매혹하던 그 향기― 그것을 어떻게 말로 옮길 수 있단 말인가? 그리고 잔디밭을 뒹굴 때 잔디의 감촉, 살갗에 닿던 이슬 방울, 그 신선함과 묘한 차가움을 어떻게 말로 옮길 수 있단 말인가? 그리고 나비를 쫓아다닐 때…… 나비의 뒤를 쫓아다닐 때 아이의 마음 속에 무엇이 일어나는가? 어떻게 그것을 말로 옮길 수 있을까?

도노반

한 깡패 녀석이 불빛도 희미한 싸롱으로 어슬렁거리며 들어섰다. 들어서자마자 그가 으르렁거렸다.
"여기 도노반이란 사람 있나?"
대답하는 사람이 아무도 없었다.
그가 다시 으르렁거렸다.
"도노반이라는 사람 없나?"
잠시 침묵의 순간이 지나서 한 왜소한 사내가 앞으로 나섰다.
"내가 도노반이오."
그러자 깡패가 그 사내를 나꿔채서는 냅다 구석으로 집어던졌다. 그는 사내의 턱을 강타하고 발길로 차며 몽둥이로 후려쳤다. 그리곤 깡패는 나가버렸다. 아무 일도 없었던 것처럼. 실컷 두들겨 맞은 사내는 50분쯤 지나서야 겨우 몸을 일으킬 수 있었다.
사내가 간신히 입을 열어 말했다.

"이봐들, 나는 그를 속였지. 난 도노반이 아니거든."

 탐구자가 해결해야 할 첫번째는 자신이 무엇을 알며 무엇을 알지 못하는가이다. 그대는 누구를 속이고 있는가? 누구를 기만하고 있는가? 그대는 자기 자신을 속이고 있을 것인데, 그대는 딴 누구도 실은 속일수 없다.

 그렇다. 나는 그 애가 말하려는 것을 안다. 그의 코를 매혹하던 그 향기— 그것을 어떻게 말로 옮길 수 있단 말인가? 그리고 잔디밭을 뒹굴 때 잔디의 감촉, 살갗에 닿던 이슬 방울, 그 신선함과 묘한 차가움을 어떻게 말로 옮길 수 있단 말인가? 그리고 나비를 쫓아다닐 때…… 나비의 뒤를 쫓아다닐 때 아이의 마음 속에 무엇이 일어나는가? 어떻게 그것을 말로 옮길 수 있을까?

흥미

 물라 나스루딘은 마을에서 가장 비옥한 사과 농장을 갖고 있었다. 그런데 동네 꼬마들이 사과 서리를 하러 몰래 과수원으로 숨어들곤 하였다. 나스루딘은 꼬마들이 숨어들 때마다 엽총을 들고 뛰어나와 온갖 몸짓을 다 하며 꼬마들을 위협했다. 그러나 그의 이러한 노력은 대개 헛수고로 끝나곤 하였다.
 그의 헛수고를 지켜본 한 이웃 사람이 나스루딘에게 말했다.
 "나스루딘, 참 당신을 이해할 수가 없군요. 차라리 아이들이 사과를 훔쳐가게 내버려 두시오. 그러면 훨씬 더 많은 수확을 올릴 수 있을 겁니다. 아이들이 사과를 훔쳐가도록 한 번 가만히 놔둬봐요."
 "우하하하하."
 나스루딘이 웃음을 터뜨렸다.
 "난 아이들이 사과를 훔쳐가게 하고 싶어요. 내 어릴 적을 생각해 보면 지금 내 행동은 나름대로 의미가 있습니다. 만일 내가 아이들에게 소리치며 뒤쫓지 않는다면 애들이 곧 흥미를 잃어서 다시는 내 과수원에 오지 않을 겁니다."

생각은 이처럼 개구장이와 같다. 의문 또한 그렇다. 그대, 생각이나 의문을 뒤쫓아 보라. 그것들은 필경 다시 되돌아 올 것이다. 그러나 만일 그대가 그것들을 뒤쫓지 않는다면 그것들은 다시 되돌아 오지 않을 것이다. 그러므로 총을 들고 자신의 생각과 의문을 뒤쫓지 말라. 그렇지 않으면 그대의 생각과 의문들은 되돌아와 계속 쌓이고 쌓여 수많은 생각과 의문이 꼬리를 물고 일어나 그대는 마침내 미쳐 버리고 말 것이다.

사 탄

어떤 사람이 제성절 파티에 참석하기 위해 사탄의 복장을 하고 파티장으로 가고 있었다. 그런데 마침 비가 쏟아지기 시작했다. 그는 길가의 한 교회로 뛰어들었다. 교회 안에서는 신앙부흥회가 한참 진행되고 있었다. 교회 안에 있던 사람들이 사탄의 복장을 한 그를 보고 깜짝 놀라 아우성을 치며 혹은 문으로 혹은 창문으로 부리나케 달아나기 시작했다.

그런데 한 숙녀가 의자 한쪽 팔걸이에 걸쳐놓았던 코트를 집어 들고 그 사람에게 바싹 다가가더니 하소연하기를,

"아, 사탄님, 전 이십 년이나 이 교회를 다녔지요. 그러나 사실 전 늘 당신 곁에 있었어요."

 그대들 대다수 신사숙녀 여러분의 처지는 어떠한가? 그대들은 신에게 입에 발린 말로 기도할 뿐, 언제나 사탄의 주위를 맴돌고 있다. 사탄은 아주 뿌리가 깊은데, 그것은 늘 억제되어 왔기 때문이다. 억제된 무엇은 반드시 그대의 존재 속으로 깊숙이 박혀 버린다. 그대는 위선자가 될 뿐이다.

지혜

 140년을 산 성자가 있었다. 그의 이름은 쉬바푸리 바바. 그가 자이뿌르에 갔을 때 한 부자가 그에게 돈이 가득 든 가방을 하나 주었다. 그는 기차를 타고 가다가 문득 가방을 열어보았다. 가방에는 지폐가 가득 들어 있었다. 그는 돈이 얼마나 되는지 알고 싶었다. 그래서 세기 시작했다. 그 기차 칸에는 단 두 사람밖에 없었다. 120살이나 되는 늙은 쉬바푸리 바바와 영국인 숙녀 하나. 그 둘밖에 없었다. 그녀는 놀란 눈으로 노인을 바라보았다. 이 늙은 거지가 어떻게 저렇게 많은 돈을 가지고 있을까? 그녀에게 한 가지 묘안이 떠올랐다. 그녀가 박수를 치더니 외쳤다.

 "늙은이, 그 돈의 반을 내놓지 않는다면 내가 전부 빼앗을 거예요. 그리고 늙은이가 날 강탈하려 했다고 외칠 거예요!"

 바바는 웃으면서 귀를 막아버렸다. 들은 척도 않겠다는 듯이. 그리곤 그녀에게 종이를 내주며 말했다.

 "거기에 쓰게나, 난 귀가 먹어서 못 들어."

그녀는 재빨리 종이에 썼다. 바바는 그 종이를 가져다 주머니에 잘 넣어두면서 말했다.

"이제 가져가 봐라."

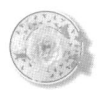

이것이 바로 현존이다. 이것은 과거의 무엇으로 말미암아 일어난 것이 아니다. 이것은 전에 일어나지 않았고, 다시 일어날 수도 없다. 참된 삶에는 그 무엇도 되풀이 되지 않는다. 모든 것이 새롭다. 그의 행위는 홀연하고 번개와 같다.

경 험

붓다가 어느 나무 밑에 앉아 있는데 저명한 철학자가 찾아왔다.

그 붓다는 대단히 나무를 사랑했었다. 붓다는 늘 나무 밑에 앉아 있었다. 그는 나무 밑에서 깨달음을 얻었다. 나무 밑에서 깨달았다는 것이 그리 놀라운 일은 아니다. 그러나 붓다가 나무 밑에서 태어났다는 것을 알면 아마 깜짝 놀랄 것이다. 붓다는 또한 나무 밑에서 죽었다.

붓다는 왕의 아들이었지만 궁전에서 태어날 수 없었다. 붓다의 어머니는 여행을 하고 있었다. 그 때 갑자기 붓다의 어머니가 통증을 느꼈다. 그녀는 다른 마땅한 장소가 없었기 때문에 어느 나무 밑을 찾아갔다. 붓다는 거기서 태어난 것이다. 그리고 붓다는 나무 밑에서 깨달음을 얻었고, 또 나무 밑에서 누워 있었으며, 나무 밑에서 죽었다. 붓다는 대단히 나무를 사랑했다.

그 후 500년 동안 그 나무는 붓다의 상징으로 남겨졌다. 500년 동안 붓다의 조상(彫像)은 만들어지지 않았다. 나무가 그의 조상으로 섬겨졌던 것이다. 사람들은 나무를 모시고 숭배했다. 그건 지극히 아름다운 일이었다.

나무는 종교의 상징이다. 나무는 성장하므로, 나무는 가장 깊은 내면으로부터 성장한다.

붓다가 나무 밑에 앉아 있는데 철학자가 와서 말했다.

"당신은 알고 있는 것을 모두 말했습니까?"

붓다는 이제 늙었다. 꽉 찬 여든 살이었다. 몇 달 안에 그는 세상을 떠날 것이었다. 그 저명한 철학자는 붓다가 알고 있는 모든 것을 말했는지 묻기 위해서 먼 길을 온 것이었다. 붓다는 마침 손에 몇 개의 마른 나뭇잎을 쥐고 있었다.

붓다가 철학자에게 물었다.

"선생은 어떻게 생각하시오? 내 손에 나뭇잎이 얼마나 있소? 이 숲의 나뭇잎보다 더 많은가요?"

오솔길이 간간이 보이는 숲에는 마른 잎이 수북했다. 바람이 여기저기서 불고 마른 잎들이 아름다운 소리를 내고 있었다.

철학자가 붓다를 바라보며 물었다.

"무슨 말씀입니까? 그 손에 대체 얼마나 더 나뭇잎을 쥘 수 있겠습니까? 고작해야 한 줌밖에는 더 쥘 수 없을 것입니다. 이 숲에는 무수한 나뭇잎이 있습니다."

붓다가 말했다.

"그러면 잘 기억해 두시오. 난 내 손에 한 줌의 나뭇잎을 원할 뿐이라 말했던 것이오. 그 말은 이 숲의 무수한 나뭇잎을 모두 원한다는 것이 아니오."

철학자가 다시 물었다.

"그럼 한 가지만 더 묻겠습니다. 왜 모두 말하지 않았습니까?"

붓다가 말했다.

"내가 모두 말한다 해도 당신이 깨치는 데는 아무 도움도 안되기 때문이오. 그것은 당신이 명상하는 데 아무런 도움이 안되오. 그리고 그 이상 그것은 말해질 수 없소. 내가 설혹 말하고 싶다 해도 말해질 수 없소. 당신이 직접 경험해야 하오. 그래야만이 그것을 알 수 있소. 그것은 경험적이며 실존적이오."

마음이 깊이 가라앉을 때만이 그대는 받아들일 수 있다. 마음이 동요하면 그림자들이 어른거리고 먼지가 인다. 그 때 그대는 폭풍우 속에 있게 된다. 그런데 어떻게 무엇을 받아들일 수 있겠는가.

근거

 어떤 사람이 물라 나스루딘과 얘기를 하고 있었다. 그 사람이 말했다.

 "왜 당신은 부인에게 그렇게 인색하게 굽니까?"

 나스루딘이 말했다.

 "당신은 나에 대해 뭔가 잘못 들었군요. 나는 매우 관대하고 마음이 넓은 사람이오."

 그 사람은 화가 버럭 났다. 누구나 다른 사람이 자기 의견에 반대하면 화가 나게 되어 있다. 그는 화가 나서 이렇게 말했다.

 "변명하지 마시오. 동네사람들 모두가 알고 있소. 당신이 부인에게 너무 잔인하다고 말이오. 당신 부인은 생활비까지 매일매일 구걸해야 한다고 그러더군요, 거지같이. 변명해 봐야 아무 소용이 없어요. 사람들이 다 알고 있으니까."

 나스루딘이 말했다.

 "좋습니다. 당신이 정 그렇게 주장한다면 내 변명하지는 않겠소. 대신 한 가지만은 말해야겠소."

그 사람이 큰 소리로 말했다.

"주제에 또 무슨 할 말이 있소."

나스루딘이 말했다.

"난 아직 결혼하지 않았소."

그 날부터 그 사람은 나스루딘과는 가까이 하려 들지 않았다.

그 사람을 내가 우연히 다시 만났을 때 난 이런 말을 했다.

"물라 나스루딘은 결혼하지 않았으니 그 문제는 애초부터 잘못된 것이었고, 그 논쟁은 아무 근거도 없는 것이었소. 그런데 왜 아직도 화가 풀리지 않은 겁니까?"

그 사람이 말했다.

"아니오. 지금은 근거가 없다고 하지만 그건 아무래도 상관이 없습니다. 시간 문제일 뿐입니다. 두고 보십시오. 조만간에 그는 결혼할 것이고, 그 때는 내가 옳다는 것이 판정될 것입니다. 나는 진실을 말하는 겁니다. 시간 문제일 뿐입니다. 두고 보십시오. 내 말이 절대 틀릴 수는 없습니다."

　사람들은 자기의 의견에 저마다 집착하고 있다. 아무 근거도 없으면서 고집하고 있다. 그 의견이 아무런 근거도 없다고 하면 할수록 사람들은 자기의 의견에 더더욱 집착한다. 만일 그것이 올바른 바탕에 서 있는 것이라면 구태여 매달릴 필요가 있겠는가?

예 언

 깨달음을 얻은 붓다가 강둑을 따라 걷고 있었다. 마침 한 점성가가 베나레스에서 공부를 마치고 그리로 오고 있었다. 그는 점성술의 대가가 되어서 그 숱한 나날들에서 얻을 수 있는 모든 학위와 자격증을 가지고 돌아오는 길이었다. 그러다가 그는 뜻밖에도 모래 위에 난 붓다의 발자국을 발견했다. 그는 자기 눈을 믿을 수가 없었다. 그가 아는 바에 의하면 천하를 지배하는 자의 발자국임에 분명했기 때문이었다. 천하의 황제요, 육대륙의 주인인 붓다의 발자국임에 틀림이 없는 것이었다. 그는 깜짝 놀라지 않을 수 없었다. 그런데 그 위대한 황제가 어떻게 이처럼 뜨거운 대낮에 이 보잘것없는 강둑을 걷고 있는 것일까? 신발도 없이 어째서 이 뜨거운 모래밭을 걷고 있는 걸까? 그럴 수가 없는 일이다!

 그는 무척 당황했다. 공부를 다 끝내고 비로소 세상에 나온 이제, 이 첫 번째 만남이 자신의 모든 것을 뿌리째 흔들어 버리는 게 아닌가하고 그는 당혹했다. 내 공부가 완전히 잘못된

게 아닐까? 무슨 일인가? 왜 황제가 여기에 있는가? 그는 생각했다.

그는 발자국을 따라갔다. 붓다는 어느 나무 밑에 앉아 있었다. 붓다를 발견한 그는 더욱 어리둥절하지 않을 수 없었다. 거지가 아닌가! 그러나 그의 어리둥절함은 더욱 커졌는데, 그가 참으로 위대한 황제로 보였기 때문이었다. 그의 얼굴에서, 그의 평안과 우아함에서 그는 황제를 보았던 것이다. 사실 그는 이 사람보다 더 황제다운 사람을 본 적이 없었다. 그런데 초라한 옷차림은? 그리고 한 사람의 신하도 없이 나무 밑에 앉아서……?

그가 마침내 붓다에게 다가가서 말했다.

"이보시오. 나에겐 아주 중요한 일입니다. 허락해 주시오. 딱 한 가지만 말해 주시오. 내 인생이 모두 거기에 달려 있습니다. 난 지금 베나레스에서 오는 길이오. 거기서 십이 년 동안이나 점성술을 공부했소. 그런데 당신이 지금 내 모든 지식을 뒤흔들고 있소. 당신은 내 점성술이 무용지물이라고 말해 주고 있단 말이오. 만약 그렇다면 난 이 책들을 모두 강물에 던져버려야 하오. 집으로 돌아가서 그것들을 모두 잊을 수도 있소. 무슨 일인가 하면 바로 저 발자국 말이오. 저건 천하를 다스리는, 육대륙을 다스리는 위대한 황제의 발자국이란 것이오. 그런데 당신은 여기서 무얼 하는 거요? 혼자서?"

붓다가 말했다.

"그대는 그 책들을 집어던질 필요가 없다. 집으로 가져가라. 그대는 다신 나와 같은 사람을 만날 수 없을 것이다. 당황하지 말라. 그대는 사람들을 예언할 수 있다. 그렇지만 나에 대해서는 그럴 수 없다. 나는 마음의 저편에 있기 때문이다. 모든 예언은 마음에 관한 것이다. 마음에 사는 모든 사람에 대해서는 예언할 수 있다."

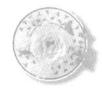

마음에 사는 사람은 기계적이다. 그러므로 예언할 수 있다. 그들이 내일 혹은 모래 무엇을 할 것인지 말할 수 있다. 그들은 반복할 것이다. 그들은 오직 과거를 반복할 뿐이다. 새롭게 일어나는 것이 없다. 그들은 기계적이다. 그러나 마음의 저편으로 넘어간 사람에 대해서는 예언할 수 없다. 그는 어떤 것도 결코 반복하지 않기 때문이다. 그러므로 그에 대해 예언할 수 있는 아무 실마리도 잡아낼 수 없다.

카드놀이

 어느 캠프에서 이런 일이 있었다. 산야신, 그러니까 구도자 둘이 카드놀이를 하고 있었다. 때마침 그 캠프에는 나이 많은 정치 지도자 한 사람이 참여하고 있었다. 두 산야신은 바로 그 지도자 양반 곁에서 카드놀이를 하고 있었다. 지도자 양반은 그 사실을 도저히 믿을 수가 없었다. 산야신들이 카드놀이를 하다니!

 그는 당장 내게로 달려왔다. 그는 75세의 노인이었고, 유명한 지도자였다. 그가 내 방문을 두드릴 때는 밤 11시경이었다.

"도대체 어찌된 일입니까? 당신의 산야신들은 어떤 사람들입니까?"

내가 물었다.

"이렇게 밤늦게 날 찾은 것을 보니 뭔가 단단히 잘못된 모양이군"

"지금 산야신 둘이 카드놀이를 하고 있습니다."

그러면서 노 지도자가 덧붙였다.

"난 그들이 매우 진지한 구도자들인 줄 알았습니다."

도대체 뭐가 잘못되었다는 말인가? 만일 산야신들이 카드놀이를 할 수 없다면 누가 카드놀이를 할 수 있단 말인가? 그들은 물론 구도자들이다. 하지만 그들이 왜 심각해야 한다는 말인가?

신은 장난을 매우 좋아한다. 모든 존재가 장난스럽고 재미있지 않던가? 그대는 신에게 이렇게 물을 수 있는가?

"신이여, 대체 무슨 일을 하시는 겁니까? 왜 나비는 계속 창조해 내시는 겁니까? 꽃은, 그리고 풀은 왜 그렇게 많이 창조해 내시는 겁니까? 별은 또 왜 그렇게 많이 창조해 내십니까?"

장례식

장례식이 끝났다. 막 홀아비가 된 사내는 아직도 흐느끼면서 처제와 함께 대기해 있던 리무진에 올라탔다.

리무진이 묘지 문을 벗어날 즈음, 처제는 형부의 손이 자신의 허벅지를 슬그머니 그러나 열정적으로 더듬고 있는 것을 알고는 경악을 금치 못했다. 그녀가 비명을 질렀다.

"형부, 이런 악마, 마귀, 짐승! 언니의 시신이 채 식기도 전에 이게 무슨 짓이에요!"

사내가 아직도 슬픔에 떨리는 목소리로 대답했다.

"이렇게 슬픈데 내가 무엇을 하고 있는지 어떻게 알겠소?"

사람들은 슬픔이나 다른 어떤 분위기에서도 늘 똑같은 상태에 머물러 있다 그들의 차원은 변하지 않는데, 그것은 그들이

객관적인 세계에 매달려 있기 때문이다. 그대, 주관적인 세계로 떠나라.

신의 집

 한 젊은이가 친구에게 마침 헌당식에 가는 길이라고 말하자, 그 친구가 함께 가겠다고 하였다. 그리하여 두 친구는 함께 갔는데, 한참 대화에 열중한 나머지 그만 그 신축 교회의 주소를 잊어버리고 말았다.
 친구가 물었다.
 "그래, '신'이라는 자네 친구의 집이 어디야?"
 "번지를 잊었어. 하지만 이 근처인 것만은 확실해."
 한참 거리를 헤매다가 둘은 여기다 생각되는 집을 발견하고 함께 안으로 들어갔다. 안은 어두웠다. 문을 하나 열자 거실이 나타났다. 그곳 역시 몹시 어두웠다. 어둠 속에 희미한 촛불 하나가 놓여 있었다. 그들은 촛불 앞으로 다가가 무릎을 꿇고 기도했다. 그들 옆에는 피아노가 놓여 있었다. 친구가 어둠 속에서 피아노를 한참 살펴보더니 입을 열었다.
 "이봐, 난 자네의 신에 대해서 잘 모르지만 이빨 하나는 참 멋지군."

 그대, 얼마나 무의식적인 삶을 살고 있는가. 그대는 무의식적으로 과식한다. 또 무의식적으로 단식한다. 그대는 자신이 도대체 무엇을 하고 있는지 알지 못한다. 그대는 시기하고 욕심을 부리는데, 자신이 무엇을 하고 있는지 알지 못한다. 무의식적이기 때문이다. 진정한 문제는 무엇을 행하는 것이 아니라 자기 존재 속에 의식을 가져오는 것이다.

술

 내가 학생이었을 적에 아주 신심 깊은 교수 한 분이 있었다. 그러나 그는 상당한 술꾼이었다. 나는 학생이었고 그는 교수였지만, 그는 나를 무척 존중했었다.

 어쩌다가 내가 그의 집에 묵게 되었다. 그는 상당한 술꾼이었지만 내 앞에서 술 마시는 것을 몹시 꺼려했다. 그는 내가 자기를 어떻게 생각할까 두려웠던 것이다. 나는 그를 지켜보았다. 나는 그가 몹시 안절부절못하는 것을 보고, 다음 날 그에게 말했다.

 "교수님 마음속에 뭔가가 분명 있습니다. 만일 교수님이 긴장을 풀지 않는다면 전 당장 숙소를 옮기겠습니다. 교수님 마음 속에는 분명 뭔가가 있습니다. 교수님은 제가 옆에 있는 게 불편하시죠? 제가 있으니까 곤란하신 거죠?"

 "먼저 말을 꺼냈으니 내 솔직하게 말함세. 난 자네에게 내가 술을 많이 마신다곤 말하지 않았지. 하지만 집에서 자기 전에 꼭 술을 마신단 말이네. 그런데 자네가 내 집에 묵게 된 후론

곤란한 문제가 생긴 거야. 자네 앞에서 술을 마시고 싶지는 않거든. 난 술을 마시지 않고는 못 견디는데, 자네 앞에서 술을 마신다는 건 상상조차 할 수가 없네."

"그렇다면 문제는 간단하군요. 교수님은 술을 마십시오. 전 교수님과 함께 있겠습니다. 제가 술도 따라드리겠습니다."

그는 내 말을 믿을 수가 없는 모양이었다. 내가 농담을 하고 있다고 생각하는 것 같았다. 그러나 그날 밤 내가 잔에 술을 따르자, 그는 울음을 터뜨리며 말했다.

"난 자네가 아무렇지도 않게 생각하리라곤 꿈에도 생각지 못했네."

그가 눈물을 훔치며 말을 계속했다.

"그럼 자네, 내가 술 마시는 것, 내 행동이나 태도에 대해 아무런 생각도 갖지 않는단 말인가?"

"남에 대해 어떤 생각을 갖는다는 건 지극히 어리석은 일입니다. 내가 왜 그래야 합니까? 내가 누구이기에 말입니까? 그건 교수님의 삶입니다. 술을 마시고 싶으시면 마시십시오."

 남에 대해 무슨 생각을 갖는다는 것은 마음 속 깊은 곳에 '나는 너를 지배하고 싶다'는 욕망이 있다는 것을 뜻한다. 진정한 사람은 아무런 간섭도 하지 않는다. 자유야말로 사람의 본래적 권리이므로.

박수소리

스승이 제자에게 물었다.
"손으로 박수를 치면 무슨 소리가 나는가?"
제자는 침묵했다. 그는 눈을 감고 깊은 침묵을 지켰다. 스승이 기뻐하며 말했다.
"좋다 좋아!"
제자가 돌아가자 그 자리에 같이 앉아 있던 다른 스승이 말했다.
"너무 성급하게 인정하신 거 아니오? 난 그럴 수 없소."
제자는 다시 불려왔다. 그 다른 스승이 물었다.
"손으로 박수를 치면 무슨 소리가 나는가?"
제자는 다시 눈을 감고 침묵했다. 그러자 다른 스승이 웃으며 말했다.
"아니다. 절대 그게 아니야."
먼저 스승이 말했다.
"그렇다. 절대 그게 아니다."

제자가 당황해서 물었다.

"왜 그렇습니까? 좀 전에 전 이와 똑같이 답했었습니다. 깊은 침묵으로 말입니다 그 때 스승님께선 좋다고 하셨습니다."

먼저 스승이 말했다.

"그 때는 그게 좋았다. 그러나 지금은 그렇지 않다. 지금 그대는 되풀이하고 있다. 그건 좋을 수 없다. 모든 것이 변화한다. 지금 그대의 대답은 진실이 아니다. 그대가 처음 대답했을 때는 행하고 있다는 의식이 없었다. 그것은 자연스럽게 일어났었다. 그러나 지금은 그렇지 않다. 그대는 마음을 조종하고 있다. 그대의 마음이 답을 안다고 생각하기 때문이다."

종교적인 사람은 원칙이 없다. 그에겐 어떠한 원칙도 없으며 오직 깨달음만이 있다. 삶의 상황은 순간순간 변화한다. 그는 상황에 따라 변화한다. 그의 반향은 자발적이다. 과거의 무엇에 의해 억제되지 않는다. 그러므로 종교적인 사람은 예측할 수 없다.

그러나 윤리전인 사람은 굳어 있다. 그는 언제 어디서나 그릇된다. 윤리적으로 사는 것은 대단히 어렵다. 그는 진실을 볼 수 없다. 그는 원칙을 통해서 산다. 그는 원칙만을 따른다. 그는 기계적이다. 그러므로 윤리적인 사람은 예측할 수 있다.

정원사

 두 명의 탐험가가 밀림지대를 탐험하다가 정글 속의 어느 빈터에 도착했다. 그곳은 매우 아름다운 곳이었다. 각양각색의 꽃들이 황홀하게 자태를 뽐내고 있었다. 한 탐험가가 말했다.
 "틀림없이 이 정원을 돌보고 가꾸는 정원사가 어디엔가 있을 것이다."
 그는 일종의 확신론자였다. 그러나 다른 탐험가는 그 말에 반대하면서 이렇게 말했다.
 "나는 정원사가 있다고는 믿어지지 않아. 보라, 사람의 발자국이 전혀 없지 않은가. 게다가 이런 깊고 우거진 정글 속에 누가 아름다운 정원을 가꾸겠는가? 누가 보러 온다고? 누가 꽃을 즐기러 오겠는가? 지나가는 사람도 없지 않은가? 정원사가 있다는 건 말도 안 된다. 이정원은 그저 우연히 생긴 것에 지나지 않는다."
 두 사람은 열심히 논쟁을 벌였다. 두 번째 사람은 의심 많은 회의론자였던 것이다. 하지만 누가 옳은지 증명할 길이 없었다. 그래서 그들은 그곳에 텐트를 치고 일주일을 기다려 보았다. 그러나 정원사의 모습은 보이지 않았다. 회의론자는 더없이 기뻤다. 그가 말했다.

"봐라, 정원사는 없다. 이제 증명된 셈이다."

하지만 확신가는 이렇게 말했다.

"그 정원사는 눈에 보이지 않는다. 그는 나타났지만 우리가 보지 못한 것이다. 그는 왔었지만 우리가 그의 발소리를 듣지 못한 것이다. 이 정원은 정원사 없이는 불가능하다."

그래서 그들은 이번에는 정원 둘레에 가시철망을 치고 전기를 통하게 한 다음 경찰견까지 데려다 놓고서 밤낮으로 순찰을 하였다. 하지만 아무도 정원 안으로 들어오지 않았다. 전기 쇼크를 받는 비명소리도 없었고, 경찰견들도 전혀 짖지 않았다. 일주일 후 회의론자가 말했다.

"조사는 끝났다. 이제 정원사가 없다는 것은 의심할 여지가 없게 되었다. 눈에 보이는 것이든 보이지 않는 것이든 말이다."

그러나 확신론자는 여전히 흔들리지 않았다. 그가 말했다.

"그 정원사는 눈에 보이지 않을 뿐 아니라 만질 수도 없고 냄새도 안 난다. 그는 영원히 알 수가 없다. 우리는 전기 탐지로도 경찰견으로도 그의 존재를 확인할 길이 없다. 우리 눈에는 그가 보이지 않는다. 하지만 그는 존재한다. 분명히 존재한다."

그러자 크게 낙담한 그 회의론자는 이렇게 항변했다.

"애초에 네가 말한 것과는 다르지 않은가? 도대체 네가 말하는 그 눈에 보이지도 않고 붙잡을 수도 없고 냄새도 없는 그 신과 같은 정원사와 단순히 상상적인 존재에 불과한, 전혀 있지도 않은 존재와 무슨 차이가 있겠는가? 그 말이 그 말 아닌가?"

세상의 모든 논쟁이 이런 식이다. 유신론자들은 보이지 않는 신에 대해 끝없이 이야기하고, 무신론자들은 또 그에 대한 반론을 끝없이 열거한다. 그러면 둘 다 옳아 보이기도 하고 둘 다 틀려 보이기도 하는데, 논쟁의 시작부터가 방향을 잘못 잡은 것이다.

정원과 정원사는 본래 나뉠 수 없다. 정원은 정원사가 존재한다는 충분한 증거이다. 그러나 정원사는 정원과 분리된 존재가 아니다. 그는 정원 속에 이미 존재하며 정원 그 자체이다. 그는 꽃을 가꾸지 않는다. 그는 꽃 속에 이미 내재하며 꽃 그 자체이다.

당나귀

위대한 정치 지도자가 뮬라 나스루딘을 법정으로 끌고 갔다. 지도자 양반이 말했다.

"이 사람, 뮬라 나스루딘이 공공연히 나를 모욕했소이다. 그는 나를 당나귀라 부르고 다니오."

그는 당대의 권력자였다. 판사가 말했다.

"당신, 나쁜 사람이군요. 마땅히 처벌을 받아야겠소."

그러자 나스루딘이 말했다.

"하지만 저는 정말 그 사람을 당나귀라 부르는 것이 위법이 되는지 미처 몰랐습니다. 그러니 한 번만 용서해 주십시오. 다시는 그런 말 하지 않겠습니다. 약속하겠습니다."

그래서 뮬라 나스루딘은 용서되었고, 지도자 양반의 분노도 누그러졌다. 그 때 나스루딘이 판사에게 물었다.

"판사님, 그러면 제가 만일 당나귀를 '파지 지도자님' - 그 정치 지도자의 이름이 파지였다 - 이라고 부른다면 판사님께선 어떻게 하시겠습니까?"

판사가 웃으며 말했다.

"그건 반대하지 않습니다. 그 당나귀가 당신을 고소하지 않는 한 말입니다. 또 어떤 당나귀도 그러지 않기를 바랍니다. 당신이 원한다면 어느 당나귀한테도 '파지 지도자님'이라고 부를 수 있을 겁니다. 우린 당나귀한테까지 법을 적용하진 않으니까요."

이 말을 들은 뮬라 나스루딘이 파지 지도자를 향해 물었다.

"당신은 어떻게 생각하십니까?"

그대는 어떻게 생각하는가? 마음이란 이렇듯 교활하다. 마음은 그대를 계속 현혹할 것이다. 마음은 말할 것이다.

'좋다. 세속적인 욕망이 고통을 만들어낸다면 그것들을 모두 떨쳐버려라. 나는 비세속적인 욕망에 만족하리라.'

족집게

한 수다쟁이가 커피숍에서 사람들의 직업을 알아맞히는 자신의 족집게 솜씨를 과시하고 있었다. 그는 좌중을 돌며 여러 사람들의 직업을 정확히 알아맞혔다. 이 사람은 변호사, 저 사람은 세일즈맨, 저기 구석에 있는 사람은 은행원, 저쪽 창가에 있는 사람은 편집자 등등. 이윽고 수다쟁이의 시선이 약간 창백해 보이면서 눈에 광채를 띤 채 흥미 있게 보고 있는 뮬라 나스루딘의 얼굴에 머물렀다.

수다쟁이가 나스루딘에게 말했다.

"여기 종교인이고 설교자 한 분이 계시는군요."

순간 뮬라 나스루딘은 아연해 하더니 부드럽게 말했다.

"당신은 날 잘못 봤어요. 난 종교인도 설교자도 아닙니다. 난 그저 위궤양 환자예요."

　내게 있어 종교는 곧 삶이다. 내게 있어 종교는 곧 사랑이다. 내게 있어 종교는 심각한 무엇이 아니라 흥미 있는 무엇이다. 그것은 웃음과 같은 것, 춤과 같은 것, 노래와 같은 것이다. 저 종교인들, 설교자들은 기실 병자이며 환자들일 뿐이다. 저들은 삶의 맛을 알지 못한다.

　나는 내세 따위엔 관심이 없다. 천국과 지옥, 선과 악에 대해서 나는 관심이 없다. 나는 다만 그대에게 삶의 맛을 보여주고 싶을 뿐이다.

배꼽

지은이 · 오쇼 라즈니쉬
펴낸이 · 윤 정 섭
펴낸곳 · 도서출판 윤미디어
등 록 · 제5-383호(1993. 9. 21)
주 소 · 서울시 중랑구 묵2동
　　　　　238-32호
전 화 · 972-1474
팩 스 · 979-7605

값 11,000원

E-mail yunmedia93@yahoo.co.kr
ISBN 978-89-6409-015-2 03800

＊잘못된 책은 교환해 드립니다.